ある比較法学者の歩いた道

――五十嵐清先生に聞く

ある比較法学者の歩いた道

―五十嵐清先生に聞く

山田卓生・小川浩三・山田八千子・内田　貴　編集

信山社

はしがき

本書成立のいきさつは五年前にさかのぼる。二〇一〇年一〇月の私法学会のおり、山田卓生さんから、先生の話を聞く会を実現したいので、よろしいかという申し出があった。私は歴史に残るような学者ではないし、平凡な月日を送ったにすぎないので、だいぶ躊躇した。しかし法学者として私の過ごした六〇年間は、激動の時代であり、しかもそれを共にした法学者の大部分がすでに物故しているので、この時代の姿を後世に残すのも、長生きをした者の義務と思い、お引き受けした。

かくして私の話を聞く会は二〇一一年一一月一三、一四両日、北海学園大学の一室を借りて行われた。出版社の信山社が幹事役を引き受けられ、質問者として卓生さんのほか、小川浩三さんが加わった。それに聴講者として北海学園大学の若手の研究者が数人参加した。当時八七歳であった私にとって、これは相当きつい仕事であったが、なんとか無事に終えることができた。

この録音を文章化するにはかなりの日数がかかったが、翌年の夏までには完成し、それを読んだ卓生さんは、かなり満足されたようであった。その後、私の校正にてまどっているうちに、一〇月を迎え、校正がようやく出来上がり、信山社に送るとともに、長年のメル友であった卓生さんにもそのむねメールを送った。しかし、返事はなかった。その後、京都で開かれた私法学会で会った信山社のかたから、卓生さんは八月下旬に滞在先の長野県で倒れられ、危険な状態が続いているという思いがけない情報を聞くことになった。そして卓生さんは同月二五日に他界された。卓生さんは私より一回り年下なので、私の死んだときに立派な追悼文を書いていただけるものと信じていた（すでに『朝日人物事典』に私について書いていただいている）。残念でならない。

本書の最大のプロモーターであった卓生さんの死去により、本書出版の作業はとうぜん滞った。そのとき救いの手をさし伸ばしてくれたのは、内田貴さんであった。彼は当時法務省参与として、民法（債権関係）大改正に従事し、日本の法学者として一番忙しかったにもかかわらず、小川さんと一緒に本書の編集に従事された。全体を再構成し、足らざるを補い、現在の姿にしてくれた。内田さんと小川さんは私にとって一番親しい年下の友人であるが、お二人の友情に心から感謝したい。そのほか、山田卓生さんのお弟子さんにあたる山田八千子さん（中央大学）には、卓生さんについての追悼文のほか、文中に登場する日本人学者についての注記をお願いした（なお、外国人については小川浩三さんを煩わせた）。あつく感謝したい。

なお、私の対談だけでは、一冊の本としては不十分なので、長年にわたって書き溜めてきた随筆の類を挿入することで、本としての格好をつけることにした。それらすべてにわたって信山社の稲葉文子さんに一方ならぬご配慮をいただいた。あつく感謝したい。

二〇一四年一〇月

五十嵐　清

目　次

ある比較法学者の歩いた道

──五十嵐清先生に聞く

◇語りとエッセー◇

五十嵐　清　先生

［聞き手］

山田　卓生

小川　浩三

（二〇一二年一二月一三〜一四日）

［編集］

山田　卓生

小川　浩三

山田八千子

内田　貴

一　はじめに

本書誕生の経緯

山田　ご承知のように、五十嵐先生、大変お元気ですので、えっ！という感じがいたしますが、もう八七歳（二〇一二年当時）におなりですが、大変お元気なのでうれしいことです。しかも大変正確な記憶を持っておられますので、お元気なうちに戦後の法学の歴史といいますか、先生からごらんになった法学の歴史というものを伺っておきたいと考えておりました。一〇月（二〇一〇年）に学会で上京された折に、ちょっとさぐりを入れて、先生こういうことを話してほしいのですが、とお願いしましたところ、やりましょうということで、それじゃあ善は急げということで、今日、五十嵐先生にお聞きすることになりました。

先生は、戦後まるまる、謂わば法律を勉強して、生きてこられたという、今で言うと無形文化財のクラスでありますが、こういう先生方、現在ではそんなに多くはいらっしゃらないし、ましてや、先生のような記憶をもっておられる方はいらっしゃらないので、こういうところでお話しいただいて、それにいろいろ手を加えて、学界の遺産として、残していければという次第であります。

それからもう一つの理由は、五十嵐先生は、狭い一定の法領域だけを勉強されていたのではなくて、かなり広くいろんなことを勉強されておりましたので、そういう点からもいろいろなお話を伺えるのではないかと思っております。

五十嵐先生ご自身は、歴史に残るような学者ではないと謙遜されております。しかし、今のようなご紹介をしただけでも、文字通り歴史に留めるべき時代に、歴史に残すべき先生であるということでもありますので、そういった記録ということも考えて、敢えて企画をした次第です。

近況

――日本を代表する比較法学者であり、戦後日本の民法学をリードしてこられた法学者である五十嵐清先生に、ご自身の歩んでこられた道を振り返っていただき、日本の法学、さらには日本の社会のこれまでの歴史をオーラルヒストリーとして記録にとどめたいと思います。まず、ご近況をお聞かせいただけますでしょうか。

五十嵐　いまやっているのは、『ヨーロッパ私法への道』と題する著書の執筆です。これは一九七〇年代のはじめに遡ります。ドイツから帰国して間もないころ、筑摩書房から、こんど「現代法学全集」を出版することになり、先生には『大陸法』を一人で書いてほしいという依頼がありました。伊藤正己先生の推薦だそうです。私はこれまで法学全集の執筆には縁がないものと思っていたので、びっくりし、光栄に思い、さっそく承諾しました。当時わが国で一人

伊藤正己
（1919～2010）英米法、憲法、東京大学名誉教授、最高裁判所判事。

で大陸法を書けるのは私しかいない、という思い上がりもありました（これが根拠のない単なる思い上がりであったことは、まもなくわかりました）。そこで、まず準備として、当時担当していた比較法の講義を大陸法を中心にすることにしました。さいわい、その頃の制度改革により、北大法学部では、比較法講座について三人の教授を採用することができ、それを英米法、大陸法、社会主義法に分け、私が大陸法を担当することにしましたので、それは容易なことでした。そこで数回にわたり、四単位の大陸法の講義をやりました。さらに好都合だったのは、上述の制度改革により、三年間授業に専念すれば、次の一年は研究に専念できることになったので、その一回目の研究部所属期間（一九七八―七九年）を『大陸法』の執筆に充てることにしました。ところが、七八年一〇月から始まったこの期間に、かねてから積み残していた『法学入門』を片付けてからでも大丈夫だろうと思ったのが間違いで、二、三カ月で片付くはずのこの仕事が翌年の五月までかかり、残りはあと四カ月だけになりました（もっとも、おかげで『法学入門』のほうは、十分に時間をかけて執筆することができたので、我ながら満足すべき出来栄えとなり、よく売れて、以後お小遣いに不自由しなくなりました）。結局この時は初めの三章までで時間切れになりました（その部分は、拙著『現代比較法学の諸相』四七頁以下、および原島重義先生傘寿『市民法学の歴史的・思想的展開』一三五頁以下に収録されています。いずれも信山社）。残りは次の研究部所属期間にと思っているうちに、筑摩書房が倒産し、「現代法学全集」は打ち切りということになりました。約束の期間に脱稿できなかったので、文句の言いようがありません。これで私の『大陸法』は幻になるはずでしたが、筑摩書房で法学全集の担当者であった須藤忠臣さんが、その後、悠々社を起こし、みずから社長になって、『現代法学全集』の一部について続行を企て、拙著もその一冊になりました。そこで私も、その後の「比較法」、「外国法」、「ドイツ法」などと題する講義をするさいに、「大陸法」またはその一部としての「ドイツ法」を扱い、須藤さんの希望に沿うよう努めました。しかし、他方でこれは私のライフワークでもあるので最後の仕事にしようとし、他の仕事（『人格権法概説』や『比較法ハンドブック』など）を優先させました。ようやく二〇一一年より『大陸法』の執筆を再開し、今日に至っています。いまのところ半分は書いたと思いますが、後は年齢と健康がそれを許すかどうかにかかっています。

二　生い立ち

山田　では生い立ちから伺っていきたいと思います。先生は新潟県新潟市のお生まれだそうですね。

五十嵐　幼児時代ですね。今日はこのような会を開いていただき、大変恐縮かつ光栄に思っております。山田先生から既に紹介がありましたように、私は歴史に残るような法学者ではないと思っております。もっとも、比較法学の道を選んだ以上はそれは覚悟しなければいけないと思っています。例えばドイツ一九世紀の前半に、ミッターマイヤーという学者が、比較法の基礎をつくったのですけれども、当時のドイツ、或いは当時の世界では、サヴィニーよりもミッターマイヤーの方が有名だったと言われております。本当かどうかわかりませんが、そのように書いてあるものもあります。こんにちではもうミッターマイヤーは忘れられています。ちょっとこれは余分なことになりますが、おそらく札幌の人にミッターマイヤーって知っているかときくと、札幌オリンピックの時に活躍したアルペンの女王を思い出します。そちらを思い出すことがあるにしても、法律学者のミッターマイヤーを思い出す人はほとんどいないのではないかと思います。もっとも今日ではドイツでもミッターマイヤーについて再評価の動きもあり、彼に関する著作もでておりますから、全く忘れられたというわけではありません。比較

ミッターマイヤー（Carl Joseph Anton Mittermaier: 1787–1867）
刑事法、比較法学者。フォイエルバッハの立法作業を補助して外国の刑法を紹介。ハイデルベルク大学教授。英・米・仏法に造詣があり、ドイツへの陪審制導入をめぐる議論をリード。『外国立法・法学に関する批判雑誌』を創刊し、外国法研究に寄与。

サヴィニー（Friedrich Carl von Savigny: 1779–1861）
歴史法学派の創始者、ドイツ近代私法学の父。ベルリン大学教授、プロイセン立法担当大臣を歴任。『立法と法学のための現代の使命』、『現代ローマ法体系』など。フルーメなどを通じて現代的意義が再

評価されている。

小林直樹
（1921～　）憲法・法哲学、東京大学名誉教授。

石田　雄
（1923～　）政治学、東京大学名誉教授。

鴻　常夫
（1924～　）商法、東京大学名誉教授・弁護士。

法学者というのはそもそもそういう運命を持っているのだ、それが嫌なら別の道を選べということになると思います。

ただ、私の育った時代は、非常に特別な時代であり、特に、研究者として育ったのは戦後間もない時からで、その頃研究を共にした人たちがほとんど全員亡くなっております。今なお元気で活躍しているのは、憲法の小林直樹、政治学者の石田雄、商法の鴻常夫くらいかなと思います。三人とも私よりも年上ですが、それぞれ元気なようです。せいぜいそれぐらいで。東大以外を見てももうほとんどこの世にいないか、いても思うように活躍できない状況にあります。幸い私の場合どういうわけか依然として元気です。さすがに物忘れはひどくなり、これから喋ることも、あとで調べなおすと間違っ

父母の金婚式。兄妹6人全員集合、現在なお4人残っている。右端が私。1975年頃。

ているることがたくさんありますけれども、それはお許しいただきたいと思います。

新潟生まれ、札幌・函館育ち

五十嵐　さて、私は一九二五年五月一二日に新潟市で生まれました。同日生まれの有名人というと、小川さんはよくご存じですが、ニューヨークヤンキースのキャッチャーとして名を馳せた、ヨギ・ベラがまさに同日に生まれています。松井選手が活躍してＭＶＰをとったワールドシリーズがありますが、あのヤンキースタジアム第一戦の時に始球式があったのですが、その時にヨギ・ベラが出てきたので、ヨギ・ベラが球を投げるのを見られるかなと楽しみにしていたのですが、両側に若い女性に抱かれて、やっとの思いでマウンドまで歩いてきたのですが、始球式は別の人がやりました。そういうレベルで、ヨギ・ベラもずいぶん弱ったな、私の方がはるかに元気だと（笑）思った次第です。

あまり生まれた頃や、小さい頃のことを詳しく話をする必要はないかと思うのですが、一応話しますと、生まれたのは母親の実家で、それは本町通りです。本町通りというのはどういうところかというと、小川さんご存じだと思いますが、新潟の古い商店街があって新町の他に古町、古い町というのがあって、現在は古町の方がメインストリートです。札幌でいえば狸小路に当たる通りなのですが、それよりも一つ南にあるのが本町通り、または新町というのです。私が子どもの頃は古町の方に重点が移ってしまいました。母の実家は雑貨屋ですが、雑貨を商う他に母方の祖父は、朝から晩までろうそく作りをやっており、ともかくケチで有名でした。

あれだけケチをすれば多少はお金も貯まると（笑）そういう家でございました。なお母は長女で下に弟妹が大勢いましたが、母の母が亡くなったあとは、母親の代わりに弟妹を育てました。

父について

五十嵐　父親の方は母と結婚した時は、警察官をやっていました、出身は亀田です。亀田については今回ここに出るために読んだ、司馬遼太郎の『街道を行く』の中で、『潟の道』というのがあります。それは亀田郷から新発田へ行く道を歩かれたようです。元々新潟市は、海の中にあり、信濃川と阿賀野川という二つの川が上流から土砂を運んできて、その河口に陸地ができたのです。亀田の南の方に新津という町があります。津がついていますので、ここが港だったわけで、そこから先は亀田も新潟もみな海の中にあったのです。亀田の方が先に造成されてなんとか陸地になって、徳川時代から、人が住むようになり、あちこちから流れ者が集まってきたようで、あまり先祖はたいしたことないようです。もっとも父の話によると、自分のうちは代々医者をやっていて、六代にわたる系譜があると自慢していましたけれども、父の父あたりが大酒飲みで、身上を潰しちゃったのです。従って父は極貧のところで育った、小学生の頃に亀田の本家に行ったことがあるのですが、確かに建物は結構大きなものですけれども、中に入ると家具がなんにもないので、びっくりしました。みんな借金のかたにとられちゃったと思うのですが。

以下、最近入手した資料（ただし選挙目当てのもの）により、五十嵐家のルーツについて補充します。五十嵐家は垂仁天皇の第八皇子にルーツをもち、長らく越後の下田（しただ、現在は三条市に編入）に居を構えた豪族で、氏神として五十嵐神社を祭っていました。しかし、戦国時代に上杉謙信によって攻め滅ぼされ、一族は四散したといわれています。私の先祖の住んでいた亀田は三条に近いので、もしかすると、わが五十嵐家は総本家に近いかもしれません。

まあ、そういうところで父は生まれたものですから、小学校は四年で辞めて、新潟市の呉服屋に丁稚奉公に出ました。その後一念発起して勉強しまして、昔のことですから、勉強するというのは文字を覚えることなのですが、一生懸命勉強して、警察官の試験になんとか受かって、それも新潟にいたのでは、うだつが上がらんということで、当時日本の植民地であった台湾で巡査を何年かやりました。今は植民地時代の台湾統治についてもいろいろ議論されているので、植民地だった時に、台湾で何をやったかについて聞いておこうと思ったのですが、断片的に多少は聞いていますけれども、残念ながらまとまったことは聞いておりません。

それで新潟に戻ったところで、母親がさっき言った状況ですので、父は三男坊ですから、事実上の婿なのですけれども、母の実家には長男次男が弟として生まれておりますので、それで姓は父の姓である五十嵐をとっております。そういうことですが、父は結婚して一番上の姉が生まれたか、二番目が生まれたあたりかで、巡査をやっていたのでは子どもを養うことができないということで、銀行員になりました。不動貯蓄銀行という、戦前はかなり有名だった銀行で、戦争末期からいろんな合併があって、更にそれからも合併があって、もう今はあとかたもなくなったと思うのですが、その銀行員になりました。おかげで私たちも、食うに困らないことにはなったわけです。

この辺は西暦よりも昭和の方が言いやすいものですから、後で年号の方は換算していただきますが。

札幌時代

五十嵐　昭和六（一九三一）年に父が不動貯蓄銀行の新潟支店から札幌支店に転勤になりました。親の方は大変な思いをしたものと思うのですが、一家をあげて札幌に住みました。札幌では、中島橋通の借家で過ごしました。この辺から少し記憶がございます。前に鴨々川という川が流れており、そこはいろんな小さい魚がとれました。それから橋を渡れば中島公園。今のような池は当時からありましたが、後は草ぼうぼうというような感じで全然整備されていない。だからいろんな昆虫がいて、私はそんなに動物学には関心がないのですけれども、その頃は人並みに昆虫にも関心があり、昆虫を取るのには不自由をしなかった、ということになります。

更に中島公園を渡ったところに、戦前はススキノから市電が通っていました。短い距離ですけれども、市電が当時一本だけ、単線の市電です。その終点ですので、架線で切り替えるために運転手さんが降りてきてやるわけですが、それが面白くてそれこそ一日中そこで（笑）眺めていたという……ことです。

更にその先が豊平川になります。今は幌平橋という橋があるのですが、当時はそんな橋はなくて、川原にいると北の方に橋があった。あれはたぶん……南一条橋かなと思うのです。当時豊平川は水も少なくて、渡って向こう側に行くことも可能だったのですが、母が晩年に言うことには、おまえは面白い子どもで、豊平川に遊びに行きたいから弁当作ってくれと、弁当持って一人で遊びに行ってきたという。今では心配でとてもそんなことは許されないことですけれども、昔はそういうことも可能だったのです。

そこで一年過ごしました。北大にも行った覚えはあります。当時ですから大きな建物はほとんどなくて、広々とした芝生があって、大変よい印象は残っております。一年たったところで、今度父親が函館支店に転勤になりました。そこでまた一家をあげて函館に移りました。函館には二年、昭和七年から九年にかけてですが、二年間に二カ所に住んだのです。いずれも五稜郭の近くなのですけれども、最初は特にすぐ近くで、五稜郭でいろいろ遊んだという記憶があります。

ちなみに……ちょっと順序は戻り、札幌時代ですけれども、札幌時代には翌年の四月に小学校に入ったのですが、この小学校は豊水小学校という今はありませんが、ススキノにある大変大きな小学校で、迷ったのを覚えています。ちなみに当時札幌には後に有名になる法律学者がもう二人住んでおられました。誰かわかりますか?

山田　小田滋さんと、あともう一人誰ですかね?

五十嵐　加藤一郎さん。そうそう、加藤一郎さんのお父さんが拓銀の副頭取をやっておられたと思うのです。大通小学校。それから、小田滋さんの方は、お父さんが北大医学部の病院の講師をやっておられて、西創成、今は創成。それでこれはずっと後の話ですけれども、小田さ

小田　滋
(1924〜　) 国際法・海法、東北大学名誉教授、国際司法裁判所判事。

加藤一郎
(1922〜2008) 民法、東京大学名誉教授、東京大学総長、成城学園学園長。

山畠正男
(1925〜　)民法(家族法)、北海道大学名誉教授。
中川善之助
(1897〜1975)民法・家族法、東北大学名誉教授。
厚谷襄児
(1934〜　)経済法・独占禁止法、北海道大学名誉教授、弁護士。

んのお父さんが、よく「いくよ」という料亭で遊んだと言うかご馳走になったというかよく行っていたそうなので、それで山畠さんと一緒にいたときに、加藤さんがなんとか自分もいくよで食事をしたいという希望を申されたものですから、それを叶えてやろうと二人相談し、山畠の方が中心になって、ちゃんと設定してくれて、いくよで三人で清遊をしたわけです。それぞれ札幌には思い出があるようで、これも中川善之助先生を偲ぶ会だと思うのですけれども、或いは一周忌の会かな?そんな会があって、そこにたまたまその三人がおちあって、札幌の話をしている写真が残っています。ちょっともうアルバムが多すぎて探し出すのが大変ですが、そういう写真もあります(これは思いちがいのようです)。三人の共通点は何でしょうかというクイズを出したら、誰も当てられないものでしょう。

函館の方に戻りますが、当時は函館の方が札幌よりももう一つ開けていまして、人口も多いし賑やかでした。函館では柏野小学校というところに二年間通いました、この小学校は今もあると思うのですが、何年か前に傍を通ったら、増改築をしていますけれども、昔の感じで残っておりました。なお厚谷襄児さんという東北大出身で公取から北大にこられた先生が小学校の後輩にあたります。

それから一年たった頃に、もうちょっと南の……函館の東西南北ってよくわからないのですが、もうちょっと五稜郭から離れたところに移って、これも借家ですけれども、誰かの別荘を借りたのです、なかなか大きな家で私が今日に至るまで暮らした中で一番大きな家でした。だから、父親も小学校しか出ていないのに、そこそこ上の方にいったのです。上といっても調査役というところまでですけれども。当時大学出たのを何人か使っていたといばっていました。

再び新潟へ

五十嵐　ところがその当時、昭和一ケタの終わりの頃ですけれども、日本は不況で、企業が人減らしをする必要があり、昭和九年に、父親はまだ四〇代でしたが……私と父親とは四〇くらいの年齢差があるので、たぶん四九ですね……もう五〇にならずして退職ということになり、それで新潟に帰ってきたわけなのです。帰る準備をしていた、三月二一日という函館の人には忘れることができない日に、火事で町中ほとんど全滅したということがありました。が、幸いわが家は無事でした。それで数日新潟に帰るのが遅れたかという程度で、無事新潟に帰ったのです。新潟に帰ってみて、駅から自分の家までタクシーで行ったら、あっという間に着いちゃって。……新潟っていうのはなんとまあ小さい町なのだろう、こんな町にこれからずっと暮らさなきゃならないのは寂しいな……という思いを非常に大きくもちました。結局、北大にのちに移った動機のかなりの部分がそういった小学校に上がる前後に、北海道の特に札幌で過ごしたということがあるかと思います。

北大の先生方

五十嵐　後の話になりますけれども、北大の初期の先生は、北海道かあるいはもっと寒いところに縁がある方です。北海道出身は宮崎孝治郎先生が代表的ですが、今村成和先生は韓国で

宮崎孝治郎　九〇頁参照。

今村成和　一二七頁参照。

育っていますし、小山昇先生は大連で育っています。そういう寒さをものともしないという人でないとちょっと来にくいところです。遠いから寒いから北大は嫌だといって断られたのも数知れずということであったのです。私にはそういう思いがなくて、これも後で述べることですけれども、山田晟先生と将来について相談した時に、学者になってもいいですけれども、就職は確約できないと言われたのですが、北大に法文学部もできたから、北大くらいだったらなんとかなるのではないですかと言ったらずいぶん怒られたのです。怒られた意味は、自分が北大の先生になって初めてわかったという次第です（笑）。

小山　昇
(1917〜　）民事訴訟法、北海道大学名誉教授、北海学園大学名誉教授。

山田　晟
八八頁参照。

小学生の頃

五十嵐　そういうことで新潟に舞い戻って、小学校三年生から大畑小学校という小さな小学校が近くにありまして、これは芸者街にあって、クラスが二つあり、男のクラスと女のクラスが別々だったのですが、女のクラスになりますと、特に高学年になってから転校してくるのは、みなさん芸者に売られてくるという人たち。売られてくるという言い方するとちょっと悲惨な感じがしますが、それぞれ事情があってのことだと思うのです。その同期生に、将来新潟芸者さんとして有名になった方もいて、なんかの時にばったり会ったのですが、私のことを覚えていてくれて、こちらも感激しました。ただ親としては、大畑小学校は芸者学校だから教育上よくないというようなことで、別な小学校に越境入学させたという親も結構います。そういう小学校で、残りの四年間を過ごしました。

それでは、もうちょっと小学校の話をしますか。私は、函館でもそうでしたが、学校の勉強はよく出来た。函館でも、新潟でも、クラスで一番できたと思うのですが、ただ小学校の成績は、勉強だけではダメなので、他の方にも能力が優れなければいけないわけなのですが、私は体操は全然ダメ。それから芸能（術？）方面も特色がないということで、そちらの方で減点されますから、なかなか一番にはなれないわけです。一番よかったのは、五年生の時にクラスで二番ということで、そこまでいったのですけれども一番になれずに終わりました。ちなみに一番で通したのが、上村光司君という人です。これは小川さんなら知っているかな？同窓会の会長を一〇年間ぐらいずっとやった人です。

上村光司君のこと

五十嵐　上村光司。彼は一高から東大法学部に行ったので、勉強もよく出来たのですが、芸能方面もよく、体操だけがちょっと落ちるという程度で、他は全部できるものですから、ずっと一番を通したのです。結局新潟旧制中学を卒業する時も、彼よりできるのはいましたけれども、それはみんな四修で他所に行ってしまったものですから、残った中では上村くんが一番よくできたのです。一番で卒業して、一高、東大法学部へ進み、将来の大物になれたのですが、お父さんが、早いうちに亡くなって、小学生の頃から母子家庭だったので学費が続かなくて、新潟の新聞社、新潟日報といいますが、そこにアルバイトで、なんとか生活していたのですが、結局東京へ戻る資力がなくて、大学の方は中退し、新潟日報の社員になりました。とても気の毒で申し訳ないなという思いを、私はしていたのですが、結局新聞社の方は最後には社長になり、社長になるのならまあいいだろうと私も思っています（なお上村君は最近『昭和歌謡曲の記憶』という本を出しました。おもしろい本ですよ）。

五十嵐　上村くんはね、まだ元気なのです。私と上村君とは、体操がダメということですから、一番体が弱い方でした。私たちのクラスには体操のうまいのが何人かいましてね。特に一人は中学に入ってから水泳部に行って、中学高校時代を通じては短距離の選手として活躍しましたが、医者になって年をとってからはマスターの方でね、日本のトップクラスになったのがいるのですよ。大黒善弥君というのです。

それからもう一人高橋修というのがいて、これはもう運動神経抜群でね。お兄さんが新潟商業の出身なのですが、お兄さんは背も高くてバスケットの選手でね。弟の方も運動神経抜群なものだから、どこへいったのかな？　高等工業に行ったのかな？　それから日本鋼管に入って、高橋兄弟っていったら、日本のトップクラス選手だったのです。その二人がまさか我々よりも先に死ぬとは思わなかったのですが、二人とも先に死んでしまって、弱いのが二人残っちゃった。そういうことです。

ちなみにバスケットのことで小学校の頃に戻りますけれども、小学校時代は上村くんがリーダーで、何をやっても彼がトップで、小学校の六年生の学芸会の時の、男と女の両クラスが一緒になって劇をやるというのがその学校の慣わしで、主演を誰がやるかというのが大きな問題なのです。私の時は海彦山彦の話を取り上げたのですが、男性の主役は文句なしに上村君で、私なんかは隅の方で小さくなっている役しか与えられなかったのです。上村君とは全然待遇が違ったということなのですけれども。そういうことで、もうちょっと、中学に入るとこを話しましょう。

中学へ

五十嵐　小学校五年六年の受け持ちの先生というのが、受験指導のベテランでね。中学校に入った時に、当時五クラス二五〇人で、一番二番三番五番、全部私の同級生。その中に僕は入ってない。上村君が五番。それから一、二、三というのが当時は戦争に入った時期だったから、勉強だけ出来るというのはダメなので、体操とかそういうのができなければいけない。ということで、一番から三番まではみんな体操が得意だったのです。大黒くんが二番なのですが、これは文武両道ということなのでしょう。上村君はなんで五番かと思ったのですが、私はどちらにも入りませんでした。ただ、勉強だけからいえば、僕は新潟市の小学校の中では一番できたと言えるかと思います。それは中学入ったらすぐわかりました。

私は、小学生としては、勉強はそこそこできたものの、他に何一つ取柄はなく、目立たない存在でしたが、一度だけ檜舞台に上がったことがあります。昭和一一年のベルリン・オリンピックの時、わが小学校の先輩二人（横山・吉井両選手）がバスケットボールの日本代表チームの一員として出場することになり、小学校で壮行会が開かれました。そのとき私が全生徒を代表して壮行のことばを述べました。内容は忘れましたが、ともかく大過なくやりとげたと思っています。なお、両選手はその後も選手・監督として日本のバスケットボールの発展のため貢献されました。

山田　新潟へ来て。失礼ですけれども、お父様は退職なさったわけですよね。

五十嵐　そうだそうだ。それを忘れましたけれども、高利貸しをやったのです。一応会社を作って、今で言えば消費者金融というのになるのでしょう。退職金を使って高利貸しを始めたのです。どのくらい儲かったかは問題ですけれども、生活に困ることはなかったといえます。私は、戦中、戦後を含めて、ちゃんと仕送りがしてもらえたのです。しかし、それほど悪いことをしなかったと思いますが、それほどお金持ちにならなかったともいえます。

山田　中学四修で、それで新潟高校へいらっしゃるわけですね。

五十嵐　中学ですが、中学校の一年生のときに、さっき言ったように一学期の試験があって、その試験では私は二番。その時一番になったのは、母親の幼馴染というか、うちの母親は雑貨屋さんですが、その近所に枝村という下駄屋さんがあって、その息子がちょうど僕と年が同じで、入学式の日にばったり会って、おやおやということなんですが、その枝村くんがクラスも同じだったんですが、彼が一番で僕が二番という、クラスだけではなくて、二五〇人の全体の中で。枝村君はその後東大医学部を出て産婦人科の医者になるのですが、運動神経等は私よりも上ですから、そちらでも稼いで一番になり、私が二番となりました。

二学期からあとはずっと渋谷武という、新潟大学の政治学の先生になり、地元では大変有名

渋谷　武
(1925～　) 政治学・政治理論、新潟大学名誉教授。

な人ですが、この渋谷くんが、すごい勉強家でね。一年生の二学期から三年生の終わるあたりまで、ずっと一番を通しました。人柄もいい人で、まだ健在です（なお渋谷君の近著としては『葉葉協生論』（文芸社、二〇〇八年）があります）。一年たったところで、当時新潟中学は、二年生から成績上位五〇人を集めて、一つのクラスを作り、一組。その残りを二組から五組まで適当に分ける（一同笑）。そういうやり方をとっていました。この一組の担任の先生になったのが広島高等師範学校を出たばっかりの、数学の山本先生という方です（この方とは後に何度もお会いしました。先生もはりきっていたと思います）。

野球少年

五十嵐　だけど我々は勉強したというよりも、その一組の野球の好きな連中が集まって、野球のチームを作って。二年、三年と続けました。三年生になったらそういう特別なクラスを作るのは国策に合わないということで（一同笑）潰されまして、一番の人が一組の級長になり、二番の人が二組、三番が三組とそういう風に変わりました。私は二年生の時は二番だったので、二組の級長になったと思います。それはまあ別として、毎日昼間は野球をやっていまして、今でいう野球少年であったわけです。これが健康という意味では非常にプラスになったのではないかなと思います。星野先生のお話を見ていると、彼もその頃野球をやっていたようで、サードかセカンドをやったと書いてあります（星野英一『ときの流れを超えて』（有斐閣、二〇〇六年）一六頁）。私もだいたいそこら辺をやっておりました。キャッチャー以外は一応全部やっ

星野英一
（1926～2012）民法、東京大学名誉教授。

中学校の野球仲間と、1942（昭17）年３月頃。
前列左から２人目が私。片岡信二君（後の一橋大学経済学部教授）、紺野悟君（北大予科、後に獣医）と私と３人が４修で高校に入ったので、そのお別れ会。

たという記憶があります。野球の腕は東大の研究室に入ってからも発揮されるのですが、それは後の話として。ともかく野球少年で過ごして、勉強はあまりしなかった。勉強はぜいぜい一時間か二時間くらいしか、した覚えがありません。今から考えるとちょっとここで勉強をしておけばよかったと思わないわけでもないですが。勉強しないだけではなくて、本も読まなかったですね。なにしろ私の育ったうちがうちですから。

兄弟のこと

五十嵐　兄弟のことを話しませんでしたけれども、私の兄弟は全部で七人なのですけれども、一番上の姉は、小学校にあがる前に亡くなりました。あまり勉強のできる兄がいなかったのですが、二つ上の姉が、よくできる人で、小学校はトップで卒業し、私の父が、卒業生の父兄を代表して感謝の言葉を述べました。ちなみに私の父親の経歴は先ほど言ったとおりですから、そんなところで話ができるのかとずいぶん心配したのですけれども、予め予行練習をやってくれて、それを聞いたらすばらしい内容でしたので、初めて父親を尊敬するという気持ちになったのです。姉はできたのですけれども、他の兄弟はそれほどでないというところで育ったものだから、うちには、高級な本などは何にもない。あるのは講談本くらいで。おかげでよく読んだという。塚原卜伝とか里見八犬伝とか。そっちの方は勉強したのですが。まあ、肝心の方はさっぱりです。

鶴見祐輔と内山尚三

五十嵐　その中学時代に一番印象を受けたのは、鶴見祐輔の書いた『子』という小説です。一高生が主人公で、いろいろ成長していく、教養小説というジャンルのものです。私もちょうど思春期に入ったものですから、いろんなことで役にも立った。そういう小説で、それが一番影響を受けたものです。ご存じのように内山尚三さんの奥さん、章子さんといいますが、鶴見祐輔の娘さんです。ちなみにこれは余計なことですが、東大の研究室に居た頃、川島シューレの人たちがよそから帰ってきて、ちょうど今、内山君のお見合いをさせてきたというのですね。そのお相手が今の章子夫人だったわけです。鶴見和子さんが川島シューレの人たちと親しくしていたものですから、和子さんは、自分の妹は自分とは違って普通の人だから普通の結婚をさせたい、誰か適当な人があったら紹介してくれないかと頼まれ、そこで内山が一番いいということになったらしくて。で、お見合いをして、それが結局うまくいきました。

内山さんは後に札幌大学の学部長でこちらへ単身赴任で来たのですが、奥さんも時々札幌に

鶴見祐輔
(1885~1973) 官僚を経て国会議員、著述も多数あり。社会学者鶴見和子、哲学者鶴見俊輔の父。

内山尚三
(1920~2002) 民法・労働法、法政大学名誉教授、札幌大学名誉教授。

鶴見和子
(1918~2006) 社会学(比較社会学)、上智大学名誉教授。川島シューレについては本書七五頁参照。

来ました。もうちょっと親しくなっておけばよかったなあと、今後悔しています。会った限りではすごく気さくな方という印象を持っているのです。最近『明日の友』という、私たち老人が読む雑誌の一〇月号の座談会に内山夫人が出てきて、内山さんが亡くなった後、お姉さんの和子さんの面倒を見て、それも終わって、やっと自由を得て、どこかの大学院で勉強をしていたという。やっぱりただものではないわけですね、あの人は。座談会の発言もすごく立派で、もうちょっと親しくしておけばよかったと、後悔しているわけです。まあ、素敵な方ですよ。

山田　ご本が出ていますね。亡くなった後。内山さんについてのご本が出ていますね、そこに奥さんも確か書いてあって。

五十嵐　ああそうですか……。

高校受験

山田　中学のところをもう少し。四修で。高校へ。

五十嵐　これから受験勉強ですね。若い方はあまりご存じないと思うのだけれど、戦前は中学校は五年ありましたが、四年で高等学校に入れるということで、秀才の連中はみんな四年で高校に行っているわけです。

山田　一割ぐらいですか？　人数はどれくらいですか？

五十嵐　いや、人数制限はない。

山田　一割ぐらいいましたか？

五十嵐　どれくらいいますかね……。

山田　高校に受かればいいのですか？

五十嵐　ええ。そういう制限はないので。僕のクラスは四修は三人でしたから。五〇人のうちの三人だから、そんなに多くはないのです。僕の中学校から、全部で一三人受かっているのですよ。四修でね。一人は北大の予科ですけれども、あとは全部新潟高校なのです。五％ぐらいでしょうかね。高校に行くということになれば、秀才連中はみんな四年で行こうという気持ちになるわけで、私もそういう気持ちを起こして、ちょうど三年の三学期から受験勉強を始めたので、受験勉強の期間は一年ちょっとということになるわけです。模擬試験が二回ほどあって、一回目の模擬試験が全然ダメで、中学校で四七番目という成績。これではとても入れないなと思ったのです。しかし戦争中だったものだから、高校の入試のシステムが変わって、全国統一で文部省で問題を作ってやるということになった。科目も減らして、私の時は数学がないということになりました。その代わりに物理がありました。その物理の問題が計算問題なのです。だから数学が出来ないと物理の問題が解けなくて、かなり結果に響いたのではないかと思います。僕は出来ましたけれどもね。

受験科目が決まってから文科と理科に分けて模擬試験をやったら、文科では私が一番で、つまり五年生よりも私の方が上だった、それで四修で入れるかなと思ったのです。大体学者になった人で四修というのが多いですね。鈴木禄弥とか星野英一とかみんなそうです。

山田　加藤一郎先生もそうですよね？

鈴木禄弥
（1923～2006）民法、東北大学名誉教授、東海大学客員名誉教授。大阪市立大学を経て、東北大学で民法を教授。

五十嵐　加藤さんは四修ですか……成城でしょ？　成城はシステムが七年制ですね。
山田　中学高校一貫ですかね。
五十嵐　はい。一貫でやっているから。みんな四修と同じだね。ちなみに一高よりも武蔵の方が難しくて、幾代通さんは武蔵に落ちて一高に受かったと言っています（笑）
山田　そうですか。
五十嵐　まあ、それは東京の話。東京で一高へ四修で入るというのは、これは本当の秀才ですね。私には考えられもしなかった。新潟だから四修で入れたというレベルです。ちなみにその我が北大でも藪先生は、四修で都立高校……。
――東京高校ですね。
五十嵐　そうだ、東京高校に入ったのですけれども、大秀才でないとそういうことはできない。私なんか到底及ぶところではない。私はそのレベルだとご承知おきいただきたいと思います。

新潟高校

――新潟高校はね、木暮剛平とかね。電通のね。それから河合雅雄。猿の研究をしていた。あれも新潟高校ですね。丸谷才一もそうですね。
五十嵐　ああ、芥川賞作家の丸谷ね。これはあんまり……。綱淵謙錠は直木賞作家です。私の後輩に芥川賞や直木賞の作家が、三人出たのです。綱淵と、丸谷とそれから野坂昭如とね。

幾代　通
（1923～1991）民法、東北大学名教授。名古屋大学を経て東北大学で民法を教授。

木暮剛平
（1924～2008）電通社長・会長を経て電通相談役。

河合雅雄
（1924～　）霊長類学者、児童文学作家、京都大学名誉教授。

丸谷才一
（1925～2012）小説家、文芸評論家で、『笹まくら』『裏声で歌へ君が代』等の多数の著書がある。

綱淵謙錠
（1924～1996）小説家、随筆家で、『斬』で直木賞を受賞、『戊辰落日』『越後太平記』『幕末に生きる』など多数有名人が三人出ています。野坂はちょっと若いのだけどもね。綱淵と丸谷は、僕と年は同じなのです。この前、丸谷が八七歳で死にました。綱淵は私より一学年下、丸谷は二年下。つまり私が四修で、綱淵が五卒で、丸谷は一浪している。そういう関係なのです。だから二人とも個人的には全然知らない人です。

―― 丸谷さんは英文だからきっと文甲ですよね。

五十嵐 ええそうですね。だからクラスは一緒にならなかった。

の著書がある。

野坂昭如（1930～ ）作家、歌手、タレント、政治家。処女作『エロ事師たち』、『火垂るの墓』『アメリカひじき』で直木賞受賞、その他多数の著作あり。

「文科」の道へ

五十嵐 結局最小限度の受験勉強で受かったということになります。受験参考書も一冊まともに読んだのはほとんどないという程度でもなんとか受かりました。ビリの方でもなかったと思うのです。高校受験については、文科か理科かという問題があるのです。私は中学校時代の後半になると、理数に弱いという自覚があり、特に三年生の頃に原という生徒が転校してきて、これが理数がよくできる男で、彼には敵わないなということだったのです。それからもう一人とても親しくしている片岡という、これはまあどっこいどっこいだとは思うけれども、向こうの方がちょっと理数は上かなという、そういうのがいたのです。結局四年が終わった時に、その原君が一番で、片岡が二番で、私が三番。原君と片岡君は、新潟高校を出た後は、当時戦争中でしたから、東大の工学部航空工学科に行ったが、一年もたたないうちに戦争が終わって、航空工学科は廃止ということになり、二人とも物理学科に移ったと聞いています。原君の方は東大工学部の教授になりまして。それから片岡君の方はコンピューターの大家になって、一橋大学の経済学部の教授になった。やはり本当にできるのは四修です。だけど学者になったのはその三人くらいです。四修制度のプラスマイナスはいろいろあるけれど、私の経験なら学者になるならいいけれど、それ以外は（笑）特に政治家になるとか、或いは企業をやるとかいうような、対人関係が重要な職業では四修はむしろマイナスと思います。高校や大学で何度も落第するとそれだけ交流範囲が増えるということがあって、何が幸いするかわからない、そういうことです。私は理数の方にいまひとつ自信がなかったので、当時は戦時中ということもあって、全部理科に行けという時代でしたし、理科に行けば現実の問題にしても、兵役が猶予されると当時から予想できたということもあって、みんな理科を目指したので、文科に行ったのは私だけでした。それが中学です。

母は昨年九十九歳で亡くなったが忘れ得ぬ思い出は、私が予備学生として入隊する時のことだ

母を偲ぶ

（一九九四年、『月刊健康』五月号）

郷里の母が昨年の八月末に九九歳で亡くなった。あと三か月で満百歳だったので、残念だったが、天寿なのでやむをえない。母は亡くなる一月前まで元気で、ぼけることもなく、自分のことは自分でやっていたので（といっても介護を必要としないわけではなかった）、本誌に登場するのにふさわしい人だが、若いころから決して丈夫ではなく、こんなに長生きするとは本人も思っていなかったに違いない。

さて七十年ちかくに及んだ母との交流のなかで、忘れられないシーンのひとつが、昭和二十年三月私が海軍予備学生として入隊するときのことである。私には兄が二人いたが、いずれもすでに陸軍に入隊し、当時は中国大陸に配置されており、音信もなくなっていた。最後に残っていた三男の私も入隊することになった。入隊兵は、自宅から駅まで、親・兄弟・親族・知人とともに、幟をたて、歓呼の声に送られて、歩いていくのが、戦時中の習わしであった（もっとも、当時はさすがに「歓呼の声」は少なくなっていた）。私も、母は当然駅まで送ってくれると思っていたところ、いやだといって断った。私の父も母も小学校しかでていなかったが、軍部の宣伝をそのまま信じていた父にくらべると、母は終始戦争には批判的であった。その母にしてみれば、手塩に掛けて育てた息子を三人とも戦争にとられてしまい（ただし、なお三人の娘が残っていた）、落胆のあまり、駅まで歩く元気もなかったのだと思われるが、当時のしきたりに反する行動によって、そのやる方ない不満をぶつけたと解釈することもできよう。

ということになると、これはもちろん私の母だけが経験したことではない。当時の日本の母が（もっ

といえば世界中の母が）ひとしく経験したことであった。考えてみれば、戦争が起これば、世界の人口の半分を占める女性がいやでもこのような経験をせざるをえなくなる。それなのに、いぜんとして世界の各地で戦争が起こっているのが不思議な気がする。日本は戦後長いあいだ戦争にまきこまれないで過ごしていたが、先年自衛隊の海外派兵で同じような経験をした母親も多かったと思われる。といっても、それと、少なくとも主観的には百パーセント近く生還の見込みのなかった私どもの母親の経験とを、同一視されては困るというのが、戦争を過ごした母親の気持ちであろう。

私も二人の兄につづいて中国大陸に渡ったが、幸い三人ともぶじに生還することができた。一人でも欠けたら、母がかくも長生きしたかどうか疑わしい。戦争は二度としてはいけないことを改めて誓いたい。

三　新潟高校から東大へ

旧制高校

山田　それでは新潟高校と東大法学部の話をお願いします。

五十嵐　旧制高校は、今はないので、経験しないとわからないところがあります。例えば星野英一さんや、坂本義和さんが、それぞれ今ここでやっているようなことを本にしていますが、どちらにも旧制高校のことは詳しくふれてあります（星野・前掲書一九頁以下。坂本義和『人間と国家（上）』岩波新書、二〇一一年、五五頁以下）。

坂本義和
（1927～2014）国際政治、東京大学名誉教授。

ただ私の時は旧制高校が二年半で、その次の星野さんの時は二年、それから坂本さんの時は戦争が終わったので、二年のはずが三年に戻って、だから坂本さんの場合は経済的な状況さえ許せば、高校生活を満喫できたと思います。私の場合は、前の年も二年半ですから、その時だけではないのですが、最初からもう二年半ということでした。旧制高校についてはいろんな方が書いており、私は特別な経験をしているわけではないのですが、しかも私の場合は実家が新潟にあるということで、寮生活が認められなかったのです。半年たったところで希望すれば寮に入れたのですが、あまりそういう気持ちもなかったもので、寮生活を送りませんでした。これがプラスかマイナスかはなんとも言えませんが、残念な気持ちもいたします。しかし、やはりいろんな点で上級生から教えられることが多かったのです。これもみなさんがおっしゃるのですが、上級生が「お前たちがいままで教わったことは全部忘れろ」とか、「あんなのは嘘八百だ」、「これから本当のことを教えるからよく勉強しろ」といいました。私の場合まず読めと言われたのは、ヴィンデルバントの『ソクラテスについて』です。あれは、いかに何も知らないか、ということからまず教えるというやり方ですね。特に我々の場合は、中学時代は戦争中ということもあり、ちょうど四年生の時に、平泉澄さんのお弟子さんが赴任してきまして、大いに国家主義を植えつけられました。まだ私は一年で高校へ行ったからよかったのですが、中学に残った連中はもう一年徹底的に教え込まれたということなのです。そういうのはみんな間違いだということで、根本から原点に立ち返って勉強しろという、そういう教わり方をしたのです。私の場合は哲学がいまひとつ弱く、一応哲学の講義も聴きましたし、本も多少は読んだのですが、いまひとつ哲学にはついていけないというところがありました。

北大に来てから宮崎孝治郎先生がおっしゃったのですが、「五十嵐君はなんでもよくできるけれど、哲学だけは弱い」(笑)。だから、やはり高校時代に読書で身についたというのは、哲学よりも、文学の方だったと思います。文学の方は人並みには読みました。高校で入ったのは文乙の方ですが(文甲とか文乙のことについては星野先生の本に詳しく出ています。星野・前掲書二三頁以下)。文乙というのがドイツ語が第一外国語のクラス、文甲が英語です。新潟クラスの高校にはそれしかない。一高はフランス語があるし、浦和とか静岡にもフランス語があったと思うのですが、新潟はフランス語はありません。

平泉 澄
(1895~1984) 日本中世史、皇国史観の歴史学者、東京帝国大学教授、退職後は白山神社第三代宮司等就任。

第二次大戦の勃発が昭和一四年ですので、第二次大戦が始まって、日本はドイツと同盟国であるということで、文乙の方に希望者が殺到しました。文乙に入ったっていうのは、ビリではなかったということにもなります。

山田　文学では何をお読みになったのですか？　日本文学ですか？

五十嵐　いや、やはりドイツではゲーテですね。それからロシア文学を読みましたね。トルストイとかドストエフスキーとか。長いのをほとんど全部読みました。一番影響を受けたのはそこらあたり。要するに外国文学、ということになります。

新潟高校の先生たち

山田　歴史は植村清二さんとか、家永三郎さんとか。

五十嵐　そうですね。それは授業の方になりますけれども。旧制高校の先生というのは、将来というか、既にといってもいいのですが、将来一流の学者になる人が多く、新潟高校にも何人かそういう人がいました。家永三郎は有名ですが、もう一人英文学の方で平井正穂さんという後の東大教授、ドイツ語は佐藤晃一というこれも東大のドイツ語の先生になるのです。その佐藤さんは私の近所に下宿していましてね。その下宿先の子どもさんと私が中学の同級で毎日一緒に中学に通っていたのですが、その二人を連れて映画に行ったということもありました。佐藤先生は、僕が入学する前に東大に戻りました。平井先生は当時学生の間でも評判が高かったのですが、文乙には教えてくれない。残念でしたね。文甲に入れば、私ももしかしたら英文

植村清二
（1901～1987）東洋史学、新潟大学人文学部教授、国士舘大学文学部教授。『諸葛孔明』、『中国史十話』、『アジアの帝王たち』等多数の著作がある。

家永三郎
六〇頁参照。

平井正穂
（1911～2005）英文学、東京大学名誉教授、日本英文学会会長。

佐藤晃一
（1914～1967）ドイツ文学者とりわけトーマス・マン研究で有名、東京大学文学部教授。

学者になったかなと思うのですが。

山田　藤田勇先生は、新潟高校でご一緒ですか？

五十嵐　そうです。クラスは別。彼は文甲の方。入学した段階では、文乙の方が上という感じがするのですが、現在の時点で評価すると、文甲の方が有名人になった人が大勢います。あと、企業では電通の社長をやっていた木暮剛平君などは、俳句の方でも第一人者です。彼は我々同期の出世頭というか、一番の有名人です。あと、遠藤徳貞という読売新聞の記者で活躍した人がおります。そこら辺も有名人に入るかと思います。私のクラスはあんまり有名になった人はいない。

それから、歴史の方ですね。当時の新潟高校は、東洋史の植村清二と、日本史の家永三郎と、豪華版です。植村清二先生は直木三十五の弟として有名です。直木三十五は弟さんから資料提供をしてもらったという話も残っています。植村先生は博覧強記型の学者で、講義はそれほど面白かったという記憶はないのですけれども、三年生になった時に授業がなくて、毎日工場へアルバイトに行っていたのですが、お昼休みとか休憩時間に、植村先生は文甲の方の受け持ちの先生だったので、いつもついてきていろんな当時の国際情勢の話をするわけです。それが面白くて、しかもすごく正確で。ヨーロッパの戦況の話などをいろいろしていました。先生が予想をするように時代が展開していくので、あれは面白かったですね。講義の方はそれほどでもなかったのですが（笑）。

植村先生については、回想録がふたつ出ています。一つは、『追想 植村清二』（草風館、

藤田 勇（1925〜 ）社会主義法、東京大学名誉教授。

直木三十五（1891〜1934）直木賞（正式名「直木三十五賞」）の由来となった著名な小説家である。

家永先生のさいごの講義のあと。先生の右が私。1943（昭18）年10月19日。

一九八九年）で、綱淵謙錠や丸谷才一をはじめ多くの教え子などが先生を偲んでいます。今一つは、長男の植村鞆音さんの書かれた『歴史の教師 植村清二』（中央公論新社、二〇〇七年）で面白いものです。なお、植村先生も私の近所に住んでおられ、先生は一時毎日のように拙宅で碁を打っていました。しかし鞆音さんについては、私は小さいころのことしか知りません。長らくテレビの世界で活躍された方です。

家永三郎先生

山田　家永先生は何を講義されたのですか？

五十嵐　日本史ですね。

山田　仏教史かな。

五十嵐　日本史です。植村先生は東洋史が専攻なのですけれども西洋史と東洋史の両方を講義しました。その西洋史はあまり面白くなかったといえます。家永先生は、途中でお辞めになったので、最初のところしか聞いていませんが、これは本当にすばらしい講義で、そのことは「新潟時代の家永三郎先生」（本書六〇頁参照）に詳しく書いてあります。

山田　家永先生がお辞めになられた事情について。

五十嵐　一八年の前期ぐらいで辞められたのではないですか？

山田　移られたのですか？

五十嵐　東京の方に帰られました。

山田　授業はやっぱり古代からやったのですか？

五十嵐　魏志倭人伝からやりましたね。

山田　古事記じゃなくて魏志倭人伝？

五十嵐　古事記は無視して。今はまた、歴史を見直すという傾向があるから、古事記からはじめるのも一つのやり方だと思うのだけれども。ともかく家永先生は神ながらのものは全部ふれない。魏志倭人伝、卑弥呼から始まるという。それから、壬申の乱なんかでも事実を講義していましたね。全く神がかりとはほど遠い。要するに今の人と同じような講義を当時既にやっていました。これは聴く方に与える影響は大きいですよね。

山田　学生の方も相当感銘を受けてという感じなわけですか？

五十嵐　僕にはそうだったけれども。

山田　もちろん怒るような学生はいなかったのですか？

五十嵐　そんなものはいない。そういう学生は、新潟高校にはいない。新潟高校は比較的リベラルな高校でしたね。星野先生の話によると、一高がね、すごくリベラルだったといいますが、本当ですね。大学に入ると、出身高校の違いが出てくるのだけれども、本当に一高は、自由だなと痛感しました。新潟もそうだったけれども、一高はもっと上という感じがしました、他の高校だと、例えば軍人勅諭をみんな暗記しているということがあります。新潟ではそんなことは全然強制されませんでした。もう先生も生徒もいい加減にやっていましたしね。だから、大学に入って合同演習みたいなのが富士の裾野であったのですが、本当に他の高校は真面目にやっていたのに対して（笑）、一高とか新潟はのほほんとしていました（笑）。だから高校による差というのは大きいですね。

山田　校長先生の特色がそれぞれ出てくるのですかね。

五十嵐　新潟はどうでしたかね。私の受け持ちだった高校の先生は時代の潮流に乗る方でしたので、あまり尊敬されませんでした。

山田　そうですか、やっぱりそういう感じなのですか

五十嵐　戦後に、その先生について戦犯問題が起こりました。戦争責任を問うのはちょっと酷だなと同情はしましたけれども、尊敬はされなかったね……やっぱり、そういう人は。結局戦争中に授業を受けた人にとっては、戦争後もそれが通用するような話をしたかどうかで、評価が決まるということがありますね。

山田　戦争に行くのは東大に入ってからですよね。

東京大学入学

五十嵐　そうです。まず東大に入りました。東大に入るために私の期とその次の星野さんの

期が入学試験のなかった期なのですよ。で、どうやって決めたかというと、これまで、一高は毎年東大法学部に何人入る、また新潟は何人というそういう形で枠をきめました。新潟は五人くらい枠がありました。その枠の中でどうするかは機械的に成績順にということで決まったのです。ところが高校の成績と実力は全く関係ないという問題があります。学校の授業に真面目に出て、勉強していい成績をとることは高校ではもっとも恥ずべき生徒である。授業なんか出ないで、哲学の本とかドイツ語の本を読むとか、そういうのが一番偉い生徒だという、そういう伝統があるから。私は成績良かったけれども、成績がいいというのは恥ずかしいような、そういう状況があったのです。だから成績順ということになると、結局実力のない学生が沢山入った。二年間はね。それは、入ってから、例えば山田晟先生のドイツ語の講義に出て、ドイツ語のテキストで授業をやる場合に、周り見るとみんな先生がドイツ語を訳すのを一生懸命に訳文をノートしている。そんなのドイツ語を見たら意味がわかりそうだけど。その他の場合でも、みんなドイツ語ができないのにびっくりしました。これが東大の法学部の学生かという、そんなのばかりで。結局だから昭和一九年と二〇年にはそういうのが入ってき、昭和二一年になると、さっき言ったように高校二年が三年に延びたので卒業生がいない。にもかかわらず、各大学が入学試験をやっている。どういうのが受けに来るかというと、よその大学に行った連中が、東大を受けなおすということで、それで、本当に実力があるのがみんな東大に来るようになった。だから昭和二一年に来たのが本当にできる、というほどでもないけれど（笑）、どちらかといえばそういうことです。

ドイツ語

——ドイツ語をそんなにおやりになったというのは、新潟高校ですか？

五十嵐　ええ、高校で。

——そんなにドイツ語が中心だった？

五十嵐　僕の時から、少し時間が減ったのだけれどもね、旧制高校っていうのは第一外国語っていうのは、週一四時間あった。

——あーそれでね。

五十嵐　で、僕の時にはね、三時間減って一一時間になったのですけれどもね。減ったのはね、ドイツ人の教師の時間が週四時間あったのが、一時間になったわけで。これは見方によっては当時の先生に言わせると「こんなのはあんまり役にたたないからね、実害はないよ」ということで、それであと一〇時間、文法と講読とね、五時間ずつやったと思うのですけど（なお、この時間数は多すぎるようで、まちがいかもしれません）。

——ドイツ人の先生がいらした？

五十嵐　ええ、当時ドイツ人は最後までいましたよ。だけど、英語の方ができなくなったから、バランスをとって時間を減らしたのです。僕の評価では、あまり大した先生ではなかったように思います。この先生（ヤコブ・フィッシャー）は戦後ドイツに帰り、お城で暮らし、昔の教え子と交流があったようです。

——それにしてもね、あれだけ軽々とドイツ語を先生いまだにお読みになっているということはね。やっぱり……。

五十嵐　学生時代に、イェリネックの『一般国家学』を全部原文で読みました。それで、政治学も公法学もみんなわかったような気がして。これ以上やることがない、私法の方はやってないから、それで私法にしようかという気持ちになった。これがいかに間違いであったか（笑）、身にしみて後悔しています。でも、そういうことです。

——ケルゼンなんかには関心なかったのですか？

五十嵐　関心はあったけれど読めなかった。法学部に入学した時に、矢部貞治という政治学の先生は国法学の時代の先生だから、イェリネックとケルゼンと、それからケルロイター、三人の一般国家学を読みなさいといわれました。私は真面目だから本当にそれに挑戦しようとして、みんな図書館から借りだして眺めてみたのです。そして、イェリネックは面白そうだからというので、新潟高校の図書館に一冊あったので、それを長期借り出しで読んだのです。それから、ケルゼンはやはり難しくて、ただただ眺めただけ。ケルロイターは、ばかばかしくて読む気になれなかった。

——プロパガンダですね。

——イェリネックが読めてケルゼンが読めないっていうのはちょっとわからないのですけど。

五十嵐　そうですか。いや、ほんとにそうでした。やっぱり向きがあるのですよ。

イェリネック
（Georg Jellinek: 1851-1911）
一九の世紀の法学者、公法学、バーゼル大学、ハイデルベルク大学で教授、ハイデルベルク大学副総長。主著『一般国家学』など。

ケルゼン
（Hans Kelsen: 1881-1973）
二〇世紀前半の法学者、公法学・国際法・法哲学、ケルン大学教授後、カリフォルニア大学バークレー校教授、オーストリア憲法裁判所の判事も務める。公法学として『一般国家学』（邦書名）があり、法実証主義理論である『純粋法学』（邦書名）等の著者としても有名。

ケルロイター
（Otto Koellreutter: 1883-1972）

――でも、それだけ公法に関心もっていられたのに。
五十嵐 だから、やることがないだろうと思ったのです（笑）。公法の先生にあまり魅力がなかったのかな（一同笑）。
――そうか……宮沢先生はフランスだし。
五十嵐 宮沢先生でしょ、田中二郎さんのはちょっと面白かったのですけれどもね。それでもあんまり好きになれないし。

そのほかの講義

五十嵐 刑法はね、小野清一郎さんの追放前の最後の講義の途中まで聞いて、後は木村亀二さんの講義はつまらなかったです。大体ね、外部の先生の講義はみんなつまらなかったね。よかったのは中山伊知郎の経済政策。これは面白かった、あの先生は、将来の日本はどうなるかについて、あの時期にちゃんと見通していましたね。
五十嵐 うん。まあ要するにアメリカが放っておくわけにはいかないから、必ず復興するということを、当時言っていました。本当にその通りになって、すごい学者ですね。
――非常勤っていうか、中山さんは兼任で来ておられたのですね。法学部へ。しかも経済の講義を。
五十嵐 ああ、そうですよ。いや、東大法学部はね、結構いい先生が……。
五十嵐 ただ、経済原論がね、経済学部の舞出長五郎先生でしたが、これはもうつまんな

二〇世紀前半の法学者、公法学、ハレ大学教授、イェーナ大学教授、ミュンヘン大学教授。

宮沢俊義
(1899～1976) 憲法、美濃部達吉の弟子、東京大学名誉教授。

田中二郎
(1906～1982) 行政法・租税法、東京大学名誉教授、最高裁判所判事。

小野清一郎
(1891～1986) 刑法、刑事訴訟法、法哲学、東京大学名誉教授。

木村亀二
(1897～1972) 刑法、東北大学名誉教授。

中山伊知郎
(1898～1980) 日本における近代経済学の導入に貢献した経済学者、

かったね。

——つまんなかったですか？　「経済学史概要」というような……。

五十嵐　教科書をただ読み上げるだけっていうかね。全然つまらなかった。

山田　原島重義先生は東大におられて九大に移られた。

五十嵐　彼は、昭和一九年の一〇月に東大法学部に入って、私一緒に末弘先生の講義など、聞いたことになっています。しかし病気で九州に戻ったのです。戦後治ったのですが、東京に出るのは大変だということで、元々あの人は九州の人ですから九大へ移ったわけです。高校は熊本です。福岡の人もデキルのは福岡高校ではなくて、五高に行ったようです。

山田　あーナンバースクールですからね。

五十嵐　ナンバー五、五高ですから。やっぱり九州の高校っていったら、五高が一番。

山田　刑法学者の……

五十嵐　平野龍一さんも五高ですかね。あの人は元々熊本育ちで。当然五高へ行ったと思います。

リポートのピンチヒッター

五十嵐　尾高先生の法哲学の単位の取り方で、リポートでもいいというのがあり、それで「婚姻法の法哲学的考察」とかいう、法哲学がつかないとだめになりますので、というのを書

一橋大学名誉教授。一九三九年から一九四九年まで東京帝国大学で経済政策の講義をおこなった。

舞出長五郎
(1891〜1961) 経済学、東京大学名誉教授。

原島重義
(1925〜2013) 民法、九州大学名誉教授。

末弘嚴太郎
(1888〜1951) 民法・労働法・法社会学、大正・昭和初期の法学者、東京大学名誉教授。民法における多大な業績に加え、日本における労働法学の創設、法社会学の先駆者でもあり、『嘘の効用』など一般人にも読まれ続ける著作もある。

平野龍一
(1920〜2004) 刑事法、

東京大学名誉教授、東京大学総長。

尾高朝雄
(1899〜1956) 法哲学、法哲学者で、東京大学法学部教授。「ノモス主権論」を唱えて憲法学者の宮沢俊義と論争したことは有名(尾高・宮沢論争)、ペニシリンショックで東京大学在職中に急逝。

来栖三郎
(1912〜1998) 民法、東京大学名誉教授。

いて、これ結構今発表してもいいのではないか(笑)、というものだと思うのです。リポートについては高校時代に、植村清二先生の西洋史で書いたのが最初なのですが、それは「ギリシャ悲劇の世界史的考察」(一同笑)、とかなんとかいうものを書きまして、ギリシャ悲劇とシェイクスピアとシラーの三者を取り上げて、ギリシャ悲劇は運命劇、シェイクスピアは性格劇で、シラーはその両方を兼ね備えたというようなリポートを書いた覚えがありますが、どうも植村先生はあまり評価してくれなかったようです。大学時代に書いたのは婚姻法に関するリポートで、ちなみに私のは法哲学で出したのですが、それは優をいただきました。それで私の友達で、後に国鉄に行って、いろいろ活躍した男がいるのですが、かれがその論文を、来栖先生の民法の単位を取るためにリポートとして出したい、使わせてくれと(笑)。ではどうぞと言って(一同笑)、基本的には私の書いたものの引き写しですが、これがなかなか文章力のある男で、私がいろいろ文献に則して書いているものですから、たどたどしく書いているのですが、彼の方はスラっとしており、読みやすくて私のよりもよっぽど良かったようなのですが。彼も優をいただきました。

田宮新平という……国鉄ではそこそこのところまで行ったのですが、もうとうに亡くなっているのですが、亡くなった時の肩書きは、島根県の警察本部長をやっているので、それが肩書きになっていました。国鉄を辞めた後仙台に行って、仙台の駅ビルありますね。そこの社長をやっていた。だから、仙台の財界で、活躍するはずだったのですが、まだ六〇代で亡くなったのです。ちょっと惜しいことしましたね。

――人のリポート出すってスゴイですね～（笑）。

召　集

山田　それで、東大入ってから召集がきたのですか？

五十嵐　そうですね。召集もきたのですが、その前に一二月になった頃に海軍予備学生の募集があってね、これを受験すると、陸軍から召集があっても、召集が延ばせるという、そういうルールがついてたのです。私は、陸軍には行きたくなかった。行くことはもう時間の問題でしたからね。そこで、海軍に行けば、少し先延ばしができるし、陸軍よりはマシだろうと、そういうことで受けたのです。実は東大へ行く前にも海軍予備学生の試験が別にあって、それも受けたのです。それは落っこちた。飛行機には乗りたくなかったものですからね。目が悪いから多分大丈夫だと思ったら、その時は目がよく、パスしちゃったものですから。これは受かったら悲劇。航空隊につれていかれたら大変だ。そこで鼻が悪いという。これは本当なのです。鼻が悪いと申し立てたら、それが認められたらしくて、その試験は落ち、それで東大に行ったのです。今になって思えば落ちてよかったということになります。

山田　なかなかついていましたね。

五十嵐　東大に入ってから受けた時の試験官が、おまえは天皇陛下のために死ぬのをなんとも思わないかという質問があったのです。はいなんとも思いませんと答えたわけで。これはヤバイなと。結局特攻隊要員として、とっているのです。だから特攻を命ぜられていやといったら、受けた時になんともないと言ったではないかと言われるとそれまでです。これはもう自己責任でやむを得ないということになるのです。それから、その試験のあとに、一月からは勤労動員で、小泉（群馬）の中島飛行機に行きました、今はスバル小泉（群馬）富士重工です。そこで一カ月いたら（部屋では特研生同期の飯坂良明君と一緒でした）、陸軍の方から召集令状が来て、二月の初めに入れという。それで急いで新潟に帰って、すぐ連隊司令部に、私は海軍予備軍の試験を受けていますと言ったら、猶予してくれました。それで本来は小泉に戻らなければいけないのですが、面倒くさいということで、そのまま家でプラプラしていました。三月に予備学生の合格通知が来て、旅順に海軍予備学生の教養課程をやる場所があって、そこで四カ月過ごしたのです。

海軍予備学生の時の写真。
1945（昭和20）年5月頃。

海軍予備学生

五十嵐　旅順は本来は半年いる予定だったのです。半年となると四月からだから一〇月までということになりますね。そうするとその間に戦争が終わっている。ソ連軍が入ってシベリア行きという、そういう可能性があったわけです。しかし、半年は長すぎるということで、七月の末に旅順の訓練が終わって、行く先と言ったら川棚というところでね。長崎県の佐世保の近くで。そこに特攻隊基地があります。そこに行けと七月末に命令されました。

山田　長崎におられた？

五十嵐　いいえ、長崎へは行かなかった。釜山まで満州鉄道の特急で来て、貨物船で夜の間に下関に行く予定だったのですが、港を出たところで機雷が爆発して、船が座礁をしたのです。そういうことがあって、結局海防艦に移って、夕方に山口県の仙崎という港に着いたのです。着いたところで、われわれは特攻隊といっても魚雷艇特攻隊の要員です。しかしもう魚雷艇がなくなった。川棚に行ってもやることがないから、みんな陸戦隊にする。横須賀に行くということになって、仙崎から汽車を乗り継いで……横須賀に行きました。

山田　海軍基地の横須賀ですか。

五十嵐　横須賀へ行って、訓練を受ける場所は、茅ヶ崎の南湖園という、昔結核のサナトリウム、それをその海軍の訓練所に使わせてもらったのです。そこで訓練を受けることになって、八月一五日に横須賀から茅ヶ崎に行く途中の辻堂で汽車が止まって、運転手が降りてきて、また神妙な顔をして帰ってきたのです。何がおこったのかと思って茅ヶ崎に着いたら、前から来ている連中が「戦争が終わった」と教えてくれました、やれやれこれで助かったという思いでしたね。そこでちょっと心配したのは、上官が、当時はまだ学校だから、校長さんが何を言うかなと。「一緒に腹を切りましょう」なんて言ったら困るなと思ったのです。星野さんのを読んでいたら、彼も最後は軍隊に獲られちゃって、戦争が終わったら、上官が「終戦は認めることができない！」とかって言ったらしくて、星野は困ったなと思ったようです（星野・前掲書四三頁)。僕の方は海軍でしたが、日本での海軍と陸軍は少し違うようですね、私どもの校長さんは、もうこれで戦争は終わった、これからは君たちの時代だ、早く国に帰って日本の再建に努めてくれ、そういうことを言われてほっとしました。

山田　それでもう九月に東大に戻られるのですね。

五十嵐　はい、そうですね。

――それで、いったん新潟に戻られるのですか?

五十嵐　新潟に戻り、うちに帰ったら、母親と妹の一人がいないのですよ。その理由は、新潟は原爆の次の投下予定地になっていたので、みな疎開したのです。ところがうちのおやじは、頑固なところがあって、防空壕で大丈夫だと思って(一同笑)、疎開しなかった。それからもう一人の妹は、連隊司令部に勤めていたから、これはやむを得ず新潟に残っていました。そういうようなことでしたね。原爆は新潟に落ちる可能性も十分にあったわけだから。

――当日の天気ですよね。八月六日と九日の。

――でも、最初は原爆とはわからなかったわけですね。

五十嵐　わからない……でも新潟も疎開はありましたからね。

――特殊爆弾。

五十嵐　新聞には新型爆弾と書いてあった。新型爆弾という書き方だと聞いたけどね。しかし、相当な被害だといわれていた。

東大へ戻る

――それでもう九月に東大へ戻られたわけですか？

五十嵐　はい。それで戻ったけど、やはり東京では、大学に入った時は下宿屋がたくさん残っていたから、下宿に苦労しなかったけど、下宿屋がみんな焼けちゃったのです。たまたま牛込におばのうちがあって、隣近所まで全部空襲でやられたのに、その家だけ残った。それでなんとかおばのところに住むことはできたのです。でも、やはり栄養をとるのも大変だということもあって、二カ月ぐらい、それでもいたのかな？　その時はあまりまともに講義には出なくて、ところどころ出たという感じで、例えば我妻先生のワイマール憲法についてのゼミに一度出たことがあります。これも星野英一先生の本に出ています（前掲書四七頁）。彼は特別学生という制度を使って――そんな制度は僕の時はなかったのですけどね――研究に専念できました。かれはゼミも出たようです。しかし、翌年の五月頃の試験をやっている時に倒れて、それで休学ということになった。僕も戦争終わってから、一回我妻ゼミを覗いたことがあってね。そうしたらものすごく勉強する学生がいて、これはびっくりしました。もうとても僕などは及ぶところじゃないという印象で。これが誰だったというと。

――ワイマールについてですか？

五十嵐　ワイマール憲法についてですけどもね。いや、すごい学生がいるなと思ったのです。多分鈴木貫太郎の孫の。哲太郎っていったっけ？　星野先生のにもいろいろ出てきますけど。

我妻　栄
（1897～1973）民法、東京大学名教授。著書『民法講義』全七巻は通説の代表とされるほどの権威をもつとされた。主著に「近代法における債権の優越的地位」（昭和二八）等がある。

鈴木貫太郎
（1868～1948）海軍大将、政治家、男爵。

鈴木哲太郎
（1926～　）在ジュネーブ国際機関日本政府代表部参事官、通産省大臣官房参事官、総合研究開発機構理事を歴任した後、弁護士。

鈴木くんというのは卒業して通産省に勤めて、しかしそこを辞めて、僕の入った一年くらい後に、労働法をやるということで、特別研究生になったのです。たぶん鈴木君ではないかと思います。星野先生ではなかったようです。ともかく、すごい学生がいるという印象を、その時持ちましたね。そういうようなことで、翌年も寒いからというので、結局戦争終わって半年というのは、あまり授業に出なかったと思います。それで昭和二一年の四月に、法律学科へ移った。一九年に入った時は政治学科に入りました。

最初に高校時代から学者になりたいと思わないわけではなく、なるとすれば一番可能性が高かったのは、比較言語学。比較言語学をやりたいということは、比較法をやるということに繫がるのかなと思います。それと歴史学。どっちか。

五十嵐　しかし、戦争末期の世の中どうなるかわからない時に、研究者になろうという気持ちにはなかなかなれなくて。誰も勧める人もいなかったということもあってね。家永先生あたりに勧められたらその気になったかもしれないけれど。家永先生というのは、あまり生徒に対して個別に指導するというタイプではない。私が家永先生からいただいた手紙の中で、自分は学生に対して冷たかったので申し訳ないということを書いておられますけれども、こちらの方にも問題があった。こっちが求めれば、なにか返ってきたのかもしれないのです。家永さんが辞められて、代わりに松木亮さんという先生が来たのです。その先生、同じ下宿におられたので、しょっちゅうお伺いしていろんな話をした。だからやはりそういう先生と生徒の関係もありえたと思うのだけれど、家永先生に関しては、取り付くしまもなかったという感じがしますね。

だから、学者になる道を選ばないとなると、やはり東大の法学部に行く他ない。しかも無試験だし。僕の成績からいえば、クラスで一番だったから、入るのはもう間違いないという、そういう状況だったから。それで、役人になるという希望だった。

——末弘先生というのは、入られた年に聴かれたということですね。

五十嵐　ええ。それは面白かったとは思うけれども、理解したという感じはしないです。最初はそういうことで政治学科に入りました。

文武両道

けれども、戦争が終わると、日本の役人になってもなにもやることがないと思ったし、それから海軍予備学生の生活を通じて、自分には人を指導する能力がないなというか、学生をひっぱる能力がないというか、そういうことを痛感したことがあってね。じつは、海軍予備学生の時の成績も良かったのです。これは文武両道ということになるのです。いろんな座学というか勉強があって。これはね結構全部よくできたし。それから、いわゆるツツツツートン、ツツツトーンとか、海軍特有のモールス信号とか。あんなのも、あっという間に覚えた。びっくりしましたね。普通モールス信号を覚えるには、例えば「イ」というのは「イトウのイ」というようなことを介して、覚えるのです。そうするといちいち翻訳しなければならないから時間がかかる。だから「トツー＝イ」という風におぼえれば、早く対応できるわけです。それであっという間に全部覚えてしまった。今はすっかり忘れちゃったから。もったいないというか、あれだけ暗記力があったら、あれを語学に使ったら今でも役にたったのではないかと思いました。

それからあとはね「カッター競技」があったのですが、これは、私の乗ったカッターが優勝しまして。カッターというのは

――ボートですよね。

五十嵐　司馬遼太郎の『坂の上の雲』で海軍兵学校でカッターがでてきて懐かしかったのです。私の乗ったボートがたまたま全体の一位になった。

それから個人競技ではね、ある時期から長距離が得意になったのです。走るのは元々全然遅かった、さっきから言っているようにね、運動神経ゼロの方ですからね。徒競走なんかでも小学校のときは、八人走ってだいたい四番目というところで。中学に入ったらもっと悪くなって。もう運動会なんか出る気もしないというところだったのです。三年生の時に一五〇〇メートルに出たのです。そしたら全体の三位になって。

――すごいですね。

五十嵐　あれ？ 長距離得意なのだなと思ってね。それで、高校時代はサッカー部にいましたから、二年間毎日走り回っていた。あのころ体力検定で二〇〇〇メートルというのがあって、二〇〇〇メートルを七分で走って。これもかなりの出来で、競技部より速かった。そういうことがあったからね。海軍予備学生のやる競技でマラソン大会っていうのは最後の大行事なのです。その前に練習もみんなで一緒にやるのです。もうマラソンの練習ぐらい楽なのはない。そ

の時間は体を休めることができたそういうレベルでした。それで本番になっても、私はあんなに一生懸命やったことはないというくらい頑張ってね。それで、途中まで一位だったのですが、さすがに力尽きてね。全体として三位でした。

――それはすごい。

五十嵐　そういうのが全部加算されるから、成績も、海軍予備学生の中で四番目ぐらいかな？　一番から三番までは、みんな下士官出身で、最初から条件が違うのです。全く素人でやってきた中では僕が一番出来て。それで日本に帰ってからも小隊長みたいなのをさせられていた。だけど、僕が前に立って歩いても、後ろの方がついて来ない（一同笑）。あれはすごいショックだったね。なにか人をひっぱる能力というのが（一同笑）、自分には欠けているのではないかと思ってね。それでもう行政官は諦めると。そんなヤツが日本の行政官になったって、大したことはないだろうと思いました。これがいかに見通しを誤ったかは、今になって明らかなのですけれども。通産省に入って、日本の経済の再建に努めたらね、それもまた一つの人生かなと思うのです。

ちょうど私が北大の学部長をやっていた時代に、道庁の労働部長で同期で東大を出た人がいてね。北大の法学部長と道庁の労働部長とは同じ部長でも全然世間の扱いが違うので、しまったなと思いました。それと、末弘先生の講義を聞いて、あの先生の講義は、裁判官の仕事がいかに面白いかということを感じさせる講義でしたね。それで、裁判官になるのもいいなと思って、それと外国法も必修科目であるし、山田先生の講義も、終戦直後に一応聞いて、その講義

山田晟先生とともに。1950年頃。
左から五十嵐、山田、三ケ月章、鈴木禄弥、（一人おいて）加藤一郎

はあまり面白いものではなかったけれども（笑）。

山田晟ゼミ

――山田晟先生にはその後いろいろと相談に行かれるわけですけど、山田先生とはどういう形で関係が出来たのですか？

五十嵐　山田先生の終戦直後の講義をちょっと覗いたことがありましたが、昭和二二年の四月に法律学科に入って、何かゼミに出ようということで、ゼミ一覧表を見たら、その中で山田先生がイェーリングの『権利のための闘争』をやるということでした。たまたま高校時代にイェーリングの日独対比の本を持っていたので、コピーしなくてもいいということで、それで出ることになった。

――山田先生のゼミは何人ぐらい出ていらしたのですか？

五十嵐　一〇人いたかどうかというていどです。

――鈴木禄弥先生は上ですよね？

五十嵐　半年上です。

――ゼミは一緒に出ていらしたのですか？　このイェーリングのゼミは。

五十嵐　その時はまだ彼も学生で、山田先生とは全然縁がなかったのです。山田先生のところに残ったのは、来栖先生につこうと思って、相談に行ったら来栖先生は「俺はまだ人を指導する能力がない。おまえドイツ語できるなら、私は山田先生と昵懇の間柄だから、山田先生に紹介してやるから、どうか」と。それじゃあよろしくお願いしますと。だから彼は山田先生の講義は聴いたと思うのですが、授業で一緒になった記憶は全然ないですね。彼は昭和二二年の一〇月に特別研究生になってから、講義かゼミの時に、先生についてきました。

――鈴木先生の『思い出すことごと』。鈴木禄弥さんが亡くなるちょっと前に出された、一〇〇ページにもならないグリーンの表紙のお持ちですよね。その中には山田先生、いっぱい出てきますよ。

五十嵐　それは特研生になってからでしょ？　なるまでは、彼は全然。その点は村上だってそうですよ。

五十嵐　学生の時からは、山田先生のゼミに出ていたのは僕だけ。二年間出ましたから。それから、講義は二部と三部を……。

――当時のドイツ法二部三部っていうのはどういうことをやっていたのです？

五十嵐　ゼミで何をやったかっていうのはあまり記憶にないけれど、イェーリングの『権利のための闘争』はゼミです、半年なのだけども、少し時間が残って、残った時間はエールリッヒの『法社会学の基礎理論』（有斐閣、改革版）を読みました。

イェーリング
(Rudolf von Jhering: 1818-1892)
民法、ローマ法学者。ウィーン、ゲッティンゲン大学教授。『権利のための闘争』、『ローマ法の精神』、『法における目的』など。契約締結上の過失は彼の「発明」。

村上淳一
(1933～　) 比較法・ドイツ法、東京大学名誉教授。

エールリッヒ
(Eugen Ehrlich: 1862-1922)
　オーストリアの法学者、法社会学、ウィーン大学にて法学を修め、故郷のチェルノヴィッツ大学でローマ法を講じ、同大学学長。法社会学の創始者の一人であり、『法社会学の基礎理論』は主著の一つである。

あとはね、ラーレンツのね、当時だから戦前のものしかない、『契約と不法』の不法行為の部分を読んだことがあります。それから、ヘーデマンの『一九世紀における私法の発達』の一部なんか使ったのじゃないかな。

――ずいぶんいっぱい読むのですね。当時は読めたのですね、やっぱり、ドイツ語は。

五十嵐　いろいろ読みましたね。

ラーレンツ
(Karl Larenz, 1903-1993)
民法、法哲学者。ナチス政権掌握後、その影響下のキール大学法学部教授。戦後一時講義禁止になるも、その後ミュンヘン大学教授。代表作、『法学方法論』、『債務法教科書』。

ヘーデマン
(Justus Wilhelm Hedemann, 1878-1963)
民法学者。ナチス時代に頂点のベルリン大学教授、ナチスの新法を目指すドイツ法アカデミーの主要メンバー。代表作、『19世紀における私法の発達』、『一般条項への逃避』など。

当時の生活

――当時の生活はどうだったのですか？ 例えば学生は軍服を着て、通っていたっていう話を聞きましたが。

五十嵐　そういう人も結構いましたよ。

山田　先生はどんな格好で行かれたのですか？

五十嵐　軍隊にいた時の軍服でも、海軍にはいいものが多かったからね。そのままみんな持って帰って、適当に使いました。その後も利用はしましたけれども、そういうことは珍しくないですね。ただ僕はそれで大学へ行くことはありませんでした。

山田　食事なんかはどうなのですか？ 大変だったでしょう。

五十嵐　配給時代でしょ。配給で三食はとても無理ですからね。やはり、一食はどこかでということはよくありました。割に使われたのは雑炊食堂です。行列で並んでね、自分の少し前で無くなったなんてことはよくありました。食べる方は大変でしたね。住む方と食べる方とは大変だったけれども、だけど僕はともかくアルバイトは戦後全然していません。僕の場合は勉強する時間はありました。まともに勉強しておれば、そうでない人より有利なことはもう当然です。だから、途中までは全然自信がなかったが、昭和二二年代になると、司法試験の願書が間に合って、試験を受けたら、合格するかどうかというレベルでなくて、トップかどうかということだったと思います。そうしたら本当に裁判官になって、そういう人生になったと思います。それは後になってわかったことで。

ともかく、東大の法学部に居た前半は、本当に法律がわからなくてわからなくてという状態でした。

実定法と基礎法

山田　実定法の解釈学より基礎法に関心を持たれたのは、そういう理由なのですか?

五十嵐　それもありますね。だから僕は法律学には基本的には向かない方だと思います。基礎法として特に歴史の方に関心があって、答案を書く場合も、歴史関係の場合だと、本当にぎっしり答案を書くという感じで。実定法の試験は何々について論ぜよというよりは、事例的な問題が当時でも多かった。これはもう、答えさえあっておればいいものだから。ともかく、東大は三〇分たったら答案を出して出ていってよいというルールがあってね。実定法の試験の場合は、三〇分あったら十分書けるからね。一番早く答案を出して教室から出て行くというところに喜びを感じていましたね。

――それで成績は良かったのですか?

五十嵐 ええ。もう三〇分もあればたくさんですよ(一同笑)。

――まあそうかもしれませんね。

五十嵐 実定法の試験は、設例式の問題です。問題を見るだけですぐ答えがわかるから。ぱっぱっと書いてすぐ出すという。三〇分辺りで。

――しかしそれは……解釈論ができになるということではないですか? やっぱり。

山田 あんまり先生は実務的じゃないから……。

五十嵐 僕はあまりドイツの法律学には向かないのではないかなと思っています。

――ドイツ的なドグマティックにあんまり向かないっていうのは……それは先生の特色で、ある意味でそれが戦後の法学にとっても意味があったと思いますけれども。

家永三郎先生は一九四一年五月より四三年一〇月まで旧制新潟高校教授として日本史を教えた。私は日本史の講義を途中まで聴く機会をもったほか、後半の一年間はたまたま先生が私の家の向かいに下宿したため、日夜先生の動向をうかがうことができるという幸運に恵まれた。そこで一教え子として見た若き日の家永先生の印象について述べさせていただきたい。

新潟時代の家永三郎先生

（一九九八年一一月　岩波月報13「家永三郎集」）

家永先生は一九四二年の秋頃より、私の育った家の向かいにあたる新潟市二葉町二丁目の久代博方の二階に下宿された（ちなみに一九四三年一月に再版ので た『日本思想史に於ける否定の論理の発達』〔弘文堂〕の奥付の住所は不正確である）。久代家は母子家庭で、長男の博氏は私の中学の一年後輩にあたる。ほかに妹と弟がいた。その数年前に引っ越してこられ、私どもとは子供同士の付き合いがあった。さて先生は要するに朝から夜まで一日中机に向かい、読書と執筆に耽っていた。ただあまり夜更かしはせず、毎晩十二時前には就寝し、規則正しい生活をしておられたようであった。外出するときも、わき目もふらず、早足でさっさと歩き、まったく取りつく島がなかった。私の情報源である愛子さん（久代家の長女）の話では、先生は胃腸が弱く、久代夫人は毎日料理に気をつかったとのことであった。それにもかかわらず、先生は当時すでに本『家永三郎集』一・二巻に収められている多くの業績をあげていた。こんなに勉強しなければ学者になれないようでは、私にはとても勤まらないと思い、念願の学者志望を一旦諦めさせるだけのものがあった。後年法学者になってみると、同業者には申し訳ないが、家永先生のように勉強する人はほとんど見当たらず、要するに家永先生が傑出していたことがよくわかった。

私が家永先生の学問の内容に初めて接したのは、

四二年の一一月頃たしか寮の主催で行われた講演会に、先生が講師としてした「救済者としての自然及びその精神史的展開」と題する講演を聞いたときである。その内容はその後出版された『日本思想史に於ける宗教的自然観の展開』を要約したものであるが、文学作品を多数引用され、私を未知の世界に引き込むものがあった。その時、先輩の挨拶のなかで紹介された『否定の論理の発達』の再版が翌年の初めに出たので、早速購入し、三月末に閲読した。私も幼少時代は先生と同様虚弱児童であったが、高校時代はサッカーの練習に明け暮れるという生活を送っており、身体上の理由で人間の有限性について悩むことはなかった。しかし、太平洋戦争がしだいに破局的な状況を迎え、近い将来自分も戦場に赴くことを覚悟し、死について考えざるをえなくなってきた。私も遅まきながら、ようやくそのようなことをまじめに考えるようになった頃に、『否定の論理の発達』に接したのである。ここでは、三月三一日付けの日記から当時の感想を引用する。

本校の家永教授著『否定の論理の発達』を読む。先生の思想に接したのは、去年の講演が初めてであるが、その時感じた新しいものが、またこの中心となっている。これは日本哲学史ともいうべき内容で、西洋史のほかに、国史のなかにもかかる研究の現れたことは喜ばしいことである。現実のわれわれの感じている否定の論理を、早くもわれわれの祖先は感じ、いかに苦しみ、またいかにして悟ったか。たしかに国史をかかる見地より見ることも必要だ。

この時の家永先生は私にとって求道者の先達だったのである（なお本書はいまも私の書架にあるが、開けてみるとどこにも線が引いてなく全然読んだ形跡がない。それだけ大事に読んだと理解していただければ幸いである）。

当時の新潟高校の歴史の先生としては家永先生のほか東洋史専門の植村清二先生（直木三十五の舎弟）がおられ、講義はそれぞれの専門のほか、西洋史については植村先生が担当されたほか、家永先生は史学概論の講義もされた。いまから見れば、植村先生はすぐれた講義をしておられたのだが、当時の高校生は文化史に憧れていたから、政治史中心の植村先生の講義にはあきたらぬものがあり、家永史学概論を聴くことのできた一年先輩の諸兄は大変うらやましかった（さいわいその代表格の町田博氏が本月報に執筆されている）。さて待望の家永日本史の講義は四三年四月から始まった。これまたざんねんながら当時の講義ノートは手元になく、日記にも講義の感想はほとんど書かれていない。よく覚えているのは、冒頭の部分である。講義はまず考古学の成果から始まり、記紀は神話として一蹴され、確実な日本史は魏志倭人伝の「邪馬台国」の記述から始まるとされた。壬申の乱のザッハリッヒな扱いも、印象的であった。要するに、戦後の日本史の教科書に書かれていることを、当時講義されたのである。私は中学生のとき、平泉澄の門下生であるN教諭により典型的な皇国史観を熱情的に教わっていたので、目から鱗が落ちる思いをした。戦後家永先生の書かれたものによると、戦時中に教え子の多くを戦場に送らざるをえなかったことへの反省が、その社会的活動のバネになったようである。しかし、戦時中の言動の反省という点では、家永先生に関するかぎり、戦後においてもそのまま通用する講義をされていたということで、その必要性はほとんどないと言いたい。先生の講義に共感した生徒にとっては、避けることのできない国難のために身を投ずる覚悟はしたにしても、国体の本義を守るために死のうなど、考えられないことであった。先生の戦時中の著書の片言隻語を捉えて、「家永の変節」を非難する輩にいたっては、無責任というほかない。もっとも、先生の講義に対する当時の私の感想としては、先生が東京に去られたのちの日記に、「家永さんの去った後はもう楽しみな講義もない」という、他の先生方に対して大変失礼な文章が残されているだけである。

家永先生の身近ですごした幸福な日々は長く続か

なかった。四三年一〇月一六日の日記を引用したい。

愛子さんの言によれば、約一ケ年向かいに下宿していた家永先生がいよいよ（新潟高校を）止められるということで、がっかりした。自分の性格の弱さから、先生と直接個人的な交わりを結ぶには至らなかったことは、誠に残念である。しかし先生は単に新潟高校に於ける最も優秀な教授であることによってよりも、向かいから観察した先生の生活態度に多く学ぶべき点がある。勉強のほかは何もしない。この徹底的な態度には全く感心せざるをえない。この点を最近殊に痛感しているので、もはや自分は先生に私淑しているといってよい。こんな生活をした人もいるということが、自分の将来にどれだけ影響を与えるか。それがもし極めて大きかったら、先生を毎日近くに見ることをえた機会に対して、その幸運を感謝すべきだ。

以上が一八歳の少年にとっての家永先生に対する精一杯のオマージュである。先生は一〇月二〇日に新潟を去られた。私としては当然駅まで見送りに行くべきであったが、わが家の二階から先生の出発をひそかに見送るにとどめた。ところが翌日、植村先生は、ほとんど生徒のだれも見送りに行かなかったことに対し、激怒された。生徒のあいだに、家永先生が学期半ばに去ったことに対する批判があったのは、確かである。しかし、私にはそのような気持ちは全然なく、ただただ申し訳なく、穴があったら入りたい心地がするだけであった。改めて深くお詫びしたい（なお本書三七頁の写真〔家永先生より提供されたもの。私のアルバムにも貼ってあるが、すっかり忘れていた〕は、先生の出発の前日、たぶん最後の授業のあとで級友と一緒に写したもの。たまたま先生の右にいるのが私である。このなかに有名人はいないが、私のクラスからのちに大学教授となったものが六名おり、とくに歴史学者としては坂井秀夫〔元専修大学教授、イギリス外交史〕と佐々木正哉〔元明治大学教授、東洋史〕がいる）。

戦後私が家永先生に直接にお目にかかれた機会はわずかしかない。最初は一九五七年に先生が北海道社会科研究会大会の講師として来札されたさい、松沢弘陽君と一緒に話をうかがう機会があり、たぶんその時に教え子としての名乗りをあげたと思っていたが、家永先生の記憶によると、先生の方から呼び出されたとのことである。その後もう一度、一九七七年に植村先生の出版祝賀会でお目にかかることができた。この時、家永先生は出席者を代表して祝辞を述べられた。両先生は戦後異なる道を歩かれたが、お互いに理解し合えていたことがよく分かる内容の祝辞であった。

私は高校卒業後、官僚をめざして法学部へ進んだが、結局学者の道に入って今日に至っている。はじめから学者になるつもりなら、文学部へ進んで、歴史か言語学をやりたかったのだが、いまさら後悔してもはじまらない。今日から振り返ってみて、人生の出発点で家永先生のような傑出した学者に出会えたことが、私の学者生活に対しどれだけ大きな影響を与えたか、計り知れないほどである。数年前にご長男の登さんと話をしたさい、家永家の食卓では、私のことも話題になるとのことであった。いまだに信じがたいことであるが、私としては、家永先生の最初の教え子として末席におかせていただければ、この上ない光栄である。先生の名に恥じないような仕事を今後もしたいと誓いたい。新潟時代にあんなに弱よわしかった先生のどこにこんなエネルギーが残っていたかと不思議に思うような戦後の活躍であるが、そろそろ静かな晩年をすごしていただきたいと思う次第である。

私にとって旅順の四カ月は何だったのか

（一九九八年五月）

私にとって皆と一緒に過ごした旅順の四カ月は何だったのか、今でもはっきりしない。当時文化至上主義にとりつかれていた私にとって、それは死への一里塚にすぎないものであった。人間としての生は、軍隊への入隊と共に終わると信じて、それまで哲学、宗教、文学、歴史の書を読み耽った。人生に悔いを残さないで、入隊するつもりであった。といっても確固たる死生観など持ちえなかった私にとって、日々死と直面する軍隊生活のなかで、もしかすると何らかの死生観を会得するかもしれない、という期待も無いではなかった。この期待はすぐ裏切られた。海軍ではそんなことを考える暇が与えられなかったからである。

ところが、われわれの予備学生の生活は訓練だけで終わり、二度と帰ることの無いはずであった祖国に、逸早く帰ることができたのである。それから始まった残りの人生を五十年以上も過ごしてみて、あの四カ月は私の人生にとって何だったのか、改めて考えている今日この頃である。考えてみると、あの四カ月は、ある意味では充実した日々であった。さまざまの人生体験をもった学友との交流は、私に人生の他の面を見せてくれた。音に聞こえた訓練もそれほどきつくはなかったし、それなりに興味もあった。自然科学を中心とする学科も、私には有益であった。私はもともと武のほうは自信がなかったが、たまたま乗ったカッターが、同僚のおかげで優勝したり、マラソン（これだけはいささか自信があったが）に良い成績をおさめるなど、ついてもいた。結果的に文武両道を全うできたことは、恐らくその後の人生に自信を与えたのではないかと思われるが、それ以上のことは、第三者の判断にまつほかない。

この五十年は皆と同様忙しい日々であった。北大のあとの第二の勤務校の定年もまじかになったが、学者としての定年はまだだいぶ先のつもりである。しかし、今度こそどうしても免れない死の迫っているのも、否定できない事実である。入隊前のあの切実な日々が、また巡ってくるのだろうか。あるいは、あれは若い日に見た蜃気楼だったのだろうか。もし後者だとすると、私にとって旅順の四カ月は死への一里塚ではなくて、大人への道程だったのである。

四　法学者への道

特研生志望の経緯

五十嵐　そういうことで、法律学科に二二年の四月から変わりまして、そこで新しく始めることにしました。それで我妻先生の民法一部を聞いて、しかしそれでもよくわからないからもう一年聴きました。民法一部の講義は三回聴きました。それでもあまりよくわかんないという感じで。だからよく学生には、日本で一番名講義と言われる、末弘先生と我妻先生の講義を三回聴いて、それでもまだよくわからない。「お前たち俺の講義を、一回聴いたくらいでわかるわけない」ってね（一同笑）、よく言ったのです。本当に民法は、わからなかったですね。だから、試験を受ける気になれなくて、二一年に入って半年たったら試験があって。それを全部パスして。二二年の三月になって初めて試験を受けたのです。それでその時に六科目受けて、優が五つで、優でなかったのは経済原論だったか？　だから、法律の科目は全部優だ。それでやっと少し自信がついてね。それで昭和二二年の六月ごろかな大学に行ったら事務室の前に行列があったので、何の行列かと聞いたら、司法試験の受験願書を、配っているのだと言うので、ではオレも一応用紙をもらうだけもらおうかなと思って後ろに並んでいたら、僕の何人か前でなくなってしまった（一同笑）。後は最高裁に行けということで、まだ最高裁にまで行って、

鈴木竹雄
（1905〜1995）商法、東京大学名誉教授。

受ける自信がちょっとなかったものですから。それでまあ来年にしようかということで、やめちゃったのです。それが昭和二二年ですね。その後……昭和二二年の九月に試験があったのかな？ その時も六科目受けて、法律科目で鈴木先生の商法一部が良になった。これは完全にヤマが外れちゃって。あとは全部優だったのです。そうするともう一二科目になるので、あと少しとれば卒業できるということになった。それで卒業するのもいいかなと思って、山田晟先生の研究室にお伺いして、将来の進路について話をしたら、特別研究生という制度があって、給与をもらって勉強ができるのだが、ポストが一二あるから、受けたらどうかという。そういうお言葉をいただいてね。なるほどそれもいいなということだったのです。

五十嵐 しかしその時先生はドイツ法では鈴木禄弥さんが、一〇月から特別研究生になっているから、先輩ということだし、お前の場合将来の就職も、保障できないと言われましてね。それも困るなと思って、じゃあどこか企業を受けてみるかと思った。どうせなら一流のところをということで、日本銀行と日本興業銀行と二つ受けに行った。日銀の場合は、その時の私の成績では、ちょっと無理だなと思っていましたが、興銀ぐらいならとってくれるのではないかなと思ってね。行ったらどっちもダメという、お断り状をいただきました。企業のお断り状の書き方というのはうまいものです。いかに相手を傷つけないで、冷酷なことを伝えることができるかという。それで踏ん切りがついて、その後は特別研究生の試験を受けることにしたのです。そのとき山田先生が、それならあんまり沢山受けて良を増やすよりは、少ない科目で優を取れと。そういうご指導を受けたのですが、結局先生のご指導を無視して、最後一四科目を受けてね、一二科目優をもらったのです。これは多分東大の記録だと思うのです。そういう成績だったので、特別研究生の選考では、僕が一番最初に決まったという。

特研の仲間たち

五十嵐　同期には碧海純一君とか片岡輝夫君という超一流の人がいたのですが、ともかく僕の方が成績が上だったから。

五十嵐　あとは松本三之介さんですね。その他国際私法の山田鐐一。それからフランス法の関口晃さんもいたね。あとは政治の方で飯坂良明。それでまた元に戻るけど、飯坂君というのは、小泉（群馬）の工場の、勤労動員で同じ部屋で、四人部屋だったのでね。そ

碧海純一
（1924〜2013）法哲学、東京大学名誉教授。

片岡輝夫
（1924〜2000）ローマ法、東京大学名誉教授。

松本三之介
（1926〜　）近代日本政治思想史、東京大学名誉教授。

山田鐐一
（1922〜2008）国際私法、名古屋大学名誉教授。

関口　晃
（1922〜　）フランス法、東京都立大学教授。

飯坂良明
（1926〜2003）政治学、学習院大学名誉教授、聖学院大学学長。

東大特別生時代。多分1949年の緑会の時のもの。前列右端が私、加藤一郎、平野龍一などがいます。

の一人が飯坂君で、彼は富山高校の出身なのね。クリスチャンで、ずいぶん当時からしっかりしていました。英字新聞を毎日読んでいて。我々その四人が朝の体操をサボっていたら憲兵につかまっちゃってね。それで憲兵室に連れて行かれ、僕は隅で小さくなっていたけれど、飯坂君は憲兵なんかなんのその！というような感じでね、随分毅然とした態度で対応してくれましてね。これは大物だと思って、感心したのです。

私は、大学に入ってほとんど新しい友達ができないのです。大学というのは、そういうところですね。数少ない一人が飯坂君。あと一人、国際法の寺沢一。彼は、ちょうど予備学生の試験を一緒に受けて、試験が終わって、僕がロマン・ロランのジャンクリストフを読んでいたら、向こうから話かけてきて、それで親しくなりました。あの頃同じ試験を受けたのだから、陸軍の方は召集があったので断れたと思うのだけど、彼のような要領のいい人が、なんでだか知らないけれど、陸軍に行っちゃってね。そのまま満州に連れて行かれて、シベリアに抑留されて大分遅れて戻ってきたのです。その二人が、学生時代から知っていて将来学者になった友人です。

五十嵐　特別研究生の同期ね。あとは阿利莫二。それから、アメリカ政治史ですか。本橋か。本橋っていうのは亡くなりましたけれどね。まあ本橋に限らず、生きている人がどれだけいるのか。ほとんどみんな死んじゃったね……。

碧海さん、片岡さん。ああそう……。関口君とは同期で、比較法（フランス法）をやっていました……。彼とは特に親しかったですよ。

寺沢　一
（1925～2003）国際法、東京大学名誉教授、獨協大学名誉教授。

阿利莫二
（1922～1995）政治学、法政大学総長。

本橋　正
（1923～2002）米国政治外交史、学習院大学名誉教授。

五十嵐　彼はある時期まで仕事して、ある時期から本当にしなくなってね。特に野田先生の古稀記念論文集に本来編集者として加わるべきなのに、それにも入っていないということで。しっかりしたものを結構書いていています。たまたま、今やっている仕事の関係で関口君のを読んでいるのですが、あれだけ書けば、まあいいかなという感じです。

特別研究生

山田　では特研生のお話をお願いします。

五十嵐　そうですね。特別研究生という制度は、昭和一八年に出来たのですが、昭和一八年というと学生に対する徴兵猶予がなくなり、特に文科系は全員兵役に行くことになったのですが、その時一部の優秀な学生を残そうということで、特別研究生という制度ができました。給料を支給して、勉強に専念させ、兵役は免除するということだったわけです。例えば東大法学部の場合は、加藤一郎さん始め、一二人の人が残ったのですが、この制度がなければ、官僚になったか、或いは一流企業に行ったであろう人が、兵役を免れるためにこの制度を利用した。おそらく加藤一郎さんなどは、この制度がなければ、たぶん、役人になって、もしかすれば総理大臣になったかもしれない。昨今の、総理大臣のレベルを見ていると、それより遥かに上回る人材だったと思うのです。東條内閣の唯一の善政というように、今日評価されている制度です。この制度が、戦後もしばらくの間残り、私の卒業する時もあったのです。東大法学部の場合には、前期一二名で二年間。あと、六名についてもう三年猶予を認めるという、こういう制度だったのです。

原田慶吉先生の想い出

――それで、いよいよ研究生活を始められる。先生方で末弘先生、我妻先生が出てきたのですけれども、原田先生のことは……。

五十嵐　原田先生は本当に学殖がある人とはこういう人をいうのかなという、そういう感じを持ちました。ローマ法には非常に関心があって、よく勉強もしたつもりです。戦前になんとか賞というのがあって、三ケ月さんなどがいただいていましたが、残念ながら戦後はそれがなくなって。あったらそれを狙いたいところだったのです。ただ、片岡と同期だからね（笑）。ちょっとこれは競争相手が悪いといった感じで、貰えなかったと思います。それでもローマ法の試験はテクニカルタームは全てラテン語で書きました。だからね、ローマ法学者になりたいという気持ちもないことはなかった。実は山田先生は、お前はドイツ法に残っても東大に残るわけにはいかないが、ローマ法なら空いているよといわれましたが、さすがに原田先生のところで勉強する自信はなかったのです。

――片岡先生は当時原田先生のところじゃなくて、久保先生のところですよね。

――ちょうど亡くなる直前ぐらいですよね。

五十嵐　亡くなったの二五年ですから。それで、学生時代はそうだった。原田先生は最も憧れた先生で、学殖のあるということから

原田慶吉
（1903〜1950）ローマ法、東京大学教授在職中に自殺。

三ケ月章
（1921〜2010）民事訴訟法、東京大学名誉教授、弁護士、民間人から法務大臣に就任。

久保正幡
（1911〜2010）西洋法制史、東京大学名誉教授。

いえば、東大法学部の先生中でも原田先生が第一人者だと思います。久保正幡先生も随分原田先生を評価していて、今度水野浩二さん（北海道大学）が、サヴィニーの雑誌に書いたでしょ。原田先生は偉い先生で、サヴィニー雑誌に、論文を載せて、うらやましい。自分もそうするようにがんばりたいというようなことを言ったのが記憶に残っています。若いのにね、あの雑誌に載せるのは大変なことだからね。

原田先生は、野球が好きでした。研究室の時代に、みんなでよく野球をやりました。ちなみにその当時、エースは石川吉右衛門で。石川さんは剛球で球は速いし、変化球も鋭いし。ただコントロールがない人で（一同笑）。

――御殿下でやるのですか？

五十嵐　どこでやりましたかね。そうだと思いますよ。

それでエースがともかく石川さんで、次が寺沢一。寺沢は、本当はもっとうまかったのですが、兵隊にとられた時に手榴弾を投げて肩を壊しちゃってね。スピードボールが投げられなくなって。コントロールはいいのだが、ちょっと球威がない。で、三番手が僕なのです。そういうようなことで、原田先生も好きなものだから、よく一緒に野球をやりました。

山田　それは意外ですね。

五十嵐　それで、原田先生と最後の対戦をしたのです。亡くなる少し前なのです。僕が三振に討ち取ってね、それが最後の対戦ですね。あんなことになるなら、ホームランでも打たせてやればよかったのに。それから、研究生たちは原田先生を中心にして、ホッブズの「デ・キー

石川吉右衛門
（1919～2005）労働法、東京大学名誉教授。

ウェ De cive（市民論）」の輪読会をやっていました。僕はラテン語の勉強には時間がかかったので、最初からは出なくて、昭和二五年の春になってからやっと出たのかな。そして、訳したら原田先生が、意地の悪い質問をしてきましたが、そういうのはアテネ・フランセで二年間鍛えたのでスラスラ答え、それで信用されました。

山田　そういうことでラテン語を勉強されたわけですか。

五十嵐　やはり法律や比較法やるのだからラテン語が必要だと思っていました。原田先生のことはもちろんありますけれども。だから学生時代からやっていましたよ。

山田　学生時代からされていたのですか。

五十嵐　原田先生は、ラテン語の講習会みたいなのをやっていましてね。それに出ました。小田滋が特別研究生になってからだけど、一緒にそれに出ていたと、向こうが言っていました。

――原田先生あの頃は『日本民法典の史的素描』の論文を書いておられたのではないですか？

五十嵐　えーっとね。それはもうちょっと前。最後の頃は、研究をまとめるような仕事を……。

山田　「ローマ語の原理」ですか。

五十嵐　そう。そういうことが最後の仕事。

山田　それから、『ローマ法』という教科書がありましたね。先生のを見ても、ローマ法の、例えばディゲスタを引用したようなものがあまりないみたいなもんですから。

五十嵐　とてもディゲスタなど読めない（一同笑）。
――そうですか（笑）。
五十嵐　だから、たまに引用するだけです。……小菅芳太郎君がいるときに、ローマ法研究会が北大にあって、小川君がそれを引き継いでやっているのだけど。
――一度だけ、報告いただけたことありましたね。
五十嵐　はい、動物責任について報告しました。
――全部記録ありますから、調べれば出てきます。
五十嵐　……あれは元々注釈民法の、七一八条を担当したからです。今度新版が出るというので、せめてローマ法くらいはやっておこうかと思って、志願したのです。しかし『新版 注釈民法』の不法行為は出ないことになりました。

川島先生と鈴木禄弥先生

――ちょうど先生の頃に、みんなは川島さんに影響されていたけど、先生のところは川島さんの波はいかがでしたか。
五十嵐　東大の研究室には三年いたのですが、最初の一年はね、研究室が別なのです。私たちは第六共同研究室で。川島シューレは第五共同研究室。それでね、第六には山本桂一という、牢名主がいましてね（笑）。あの人は川島シューレが大嫌い！で、ああいう危険分子に近づくなっていう（一同笑）。

小菅芳太郎
（1931〜　）ローマ法・西洋法制史、北海道大学名誉教授。

川島武宜
（1909〜1992）民法・法社会学、東京大学名誉教授、弁護士。戦後の法社会学の発展に寄与した。本書二五頁他で言及されている川島シューレとは川島先生を指導教授とする研究者たちのことである。

山本桂一
（1919〜1971）商法・著作権法・フランス法、東京大学法学部教授。

最初の一年はね、そういう形であまり交流がなかったのですが、ちょうど二年目になる頃に、山本さんに言わせれば、鈴木禄弥が寝返りをしたという（一同笑）。禄弥さんを通じて、僕も川島シューレに近づくようになったのです。それぞれ素敵な人ばかりだからね。

――鈴木禄弥さんも川島さんとはあんまり関係ないですよね。

五十嵐 そんなことはないですよ。

――そうですか？

五十嵐 禄弥も川島先生をずいぶん尊敬して……。

――そうですか。

五十嵐 しかし禄弥は、我妻先生を一番尊敬していました。彼の書いたもの（『居住権論』）を誰に書評してもらいたいかというと、一番は我妻先生だといっていました。

山田 禄弥さんはいつでも標的は我妻先生だったですよね。もうとにかく我妻先生をなんとか越えたいなっていう勢いで、いつも書いているという。

――ちょっと川島さんとも、我妻さんとも違う。どこから、ああいう禄弥流の法学が出てくるのか。先生もちょっと書いておられますよね？ 禄弥さんの『抵当制度の研究』のことを。

五十嵐 最初の論文集です。だけど、禄弥だけでなくて、広中君のも書いているし、それから星野君の『民法論集』の第一巻も僕が書評を書いています。三人について書いているのですが、あまり読んでくれる人はいないという感じでした（笑）。

――いやいや、私は読みましたよ。

広中俊雄（1926～2014）民法・法社会学、東北大学名誉教授。

五十嵐　禄弥のは『抵当制度の研究』です。あれは加藤雅信さん（現在、名古屋学院大学）の編集している、『民法学説百年史』（三省堂、一九九九）ですか？　あれに誰かが取り上げているのですが、僕の書評が出ていることに全然触れてない。けしからんと思ってね（笑）。せっかく苦労して書いたのに。

――それから、『ドイツ法概論』の書評がありますね。

五十嵐　あれは、山田先生に褒められていましてね。

――ああ、そうですか。それはそうでしょうね。

五十嵐　自分がちょっと手を抜いたと思うところを全部指摘されたという言い方をしていました。

――まさにそうですね。

五十嵐　ああいうの難しいですね。あれだけ自分の尊敬する先生だから、全体として悪口にならない限りはね。禄弥と山田先生の間には、一時ちょっと論争がありました。分割土地所有権の歴史的な過程を山田先生が書いて、それを博士論文にしたのですが、それに対して鈴木禄弥が東大新聞に書評を書いています。制度だけ扱って、根底にある社会経済的な背景を取り扱っていないという形で批判したのに対して、山田先生の反論あって、法律学者が法律中心でやって何が悪いかって。かなり激烈な論争がありました。

――ああ、そうですか。

五十嵐　先生によっては破門する人もいるのだけれども、そういうことには全然ならなかった。

山田　あの二人はやっぱり主流じゃないですね。二人とも我妻さんには、非常に批判的なのですよ。

――そこを星野さんが実に我妻さんに忠実でその延長にっていうんでね。

五十嵐　星野と川井さんもあまり仲がよくなかったと聞いていますが、二人とも私にとっては尊敬すべき民法学者でした。

川井　健（1927～2013）民法、北海道大学助教授、教授を経て、一橋大学教授、一橋大学学長、一橋大学名誉教授。

山田　鈴木禄弥先生の本には、山田先生からね、大阪市大と北大にどっち行くといわれて、禄弥さんは北海道なんかに行ったことがないからと市大に行き。その後に五十嵐先生が北大にいらっしゃったって書いてあります。

宮崎孝治郎先生との出会い

五十嵐　僕はね、学生時代からさっきちょっと言ったように、北大に法文学部ができたから、あそこならなんとかなるでしょうと（一同笑）、言ったぐらいですからね。それは山田先生もよく覚えておられて、それで、宮崎先生に頼んでとってもらったということが山田先生の自叙伝にあるのですよ。非売品で簡単なものですけど。そこに盛んに出てきますよ。例えば、山田先生が宮崎先生の後釜で、愛知学院大学に移られたのです。それは宮崎先生に頼まれて、五十嵐君を北大にとってもらったから、断わるわけにいかないということでした。

五十嵐　まあ、そういうわけで。

――取引が書いてあるのですか。

――山田先生らしいなあ。

五十嵐　山田先生が頼み込んだという、一応そういう形になっていますね。それで確か昭和二四年の秋頃に、山田先生の部屋で宮崎孝治郎先生とお見合いさせられまして。ずいぶん容貌魁偉な人だと（笑）、びっくりしました。

山田　ずいぶん大きな方でしたね。

五十嵐　体が大きくてね。

――声もでかくて。

五十嵐　宮崎孝治郎先生は、やはりちょっと変わった人で、あまり評判よくなくて。だから、あんな人のところにいくなと、ずいぶん言われました。来てみたら悪い人ではないですね。確かに特徴のある人だけど、根は悪い人ではないし、良好な関係で終始しました。先生の亡くなられた時の弔辞も私がよみました。

――当時は北海道へ行くっていうのは一日仕事というか。一日では行けなかったですから。朝出ると翌日の午後に着く……。

五十嵐　津軽海峡には、機雷が流れているので、昼間でないと通れないということがあって。それで青森に行って。

青森に留め置かれてね。それで一昼夜かかったのです。

論文執筆

――特研生は前期と後期があって、前期の終わりに論文を書かれたのですね。

五十嵐　特研生の第一期の時に後期の振り分けどうしたのかというのは、よくわかりません。たぶん卒業した時の成績が、基準になったのではないかと思っていますが、戦後はたぶん前期が一二人になるというような時がなかったのだろうと思います。私の半年前には一二人残って、しかもこれは今から見れば超一流の研究者がそろっていた年でしたが、それを二年たったところでどうやって振り分けるかについて、直前になって論文書かせ、御前講演といいましたが、先生方の前で報告をさせて、質疑応答があって、点数を付け、それによって決めることになったのです。それで、私の半年前の連中は、慌てて論文を書いたのです。結果は、鈴木禄弥と小田滋が落ちるという、今から見れば、想像もできないようなことになりました。ただし、延長が認められた方も、福田歓一（結局、東大にそのまま残ったのは福田さんだけですが）、あとは渡辺洋三（渡辺は社研ですから、そのまま残ったといってもいいと思うのですが）。矢崎光圀とか、これまた超一流の人たちです。もう二、三人、名前をよく憶えておりません。そういうこともありうるかなという結果になったのです。

福田歓一
（1923～2007）西欧政治思想史、東京大学名誉教授。

渡辺洋三
（1921～2006）法社会学、民法等、東京大学名誉教授。

矢崎光圀
（1923～2004）法哲学、大阪大学名誉教授。

研究テーマ「遺留分制度」

五十嵐　私たちの場合は更に半年余裕があり、半年というか一年余裕がありました。つまり二年目に一年間で論文を書くという余裕が与えられたわけです。そこで私の場合も、何について論文を書くかについて、山田晟先生といろいろ打ち合わせをしたのですが、私は元々比較家族法を専攻したいということで研究室に残ったということもあってですね。比較家族法の立場から興味があって、しかもまだ日本における先行業績が少ないものとして、結局遺留分を選んだのです。確かに遺留分は比較法的に非常に興味がある対象ですし、日本の先行業績もほとんどない。ただそれにはその理由があって、先行業績がないということについては、遺留分は現在こそ日本でもかなり大きな問題になっておりますが、当時の日本では、ほとんど実際上の問題がなかったから誰もやらなかったというわけで、比較法の対象としてそういう問題を取り上げること自体が、ちょっと問題だったと思うのです、私は結局後期に残れないことになったのですが、一つの原因はテーマの選び方にあったのではないかと思います。

―― 法協に出たのはその研究ですか？ 三回に渡って五〇年と五一年に。

五十嵐 そうです。それもあとで説明させていただきますが。当初の私の構想としては、遺留分については、フランス型とドイツ型というのが非常に大きく対立していたのですが、それで両方を比較検討する、そして、全体の遺留法の流れとして、フランス法からドイツ法へ。遺留分を相続分として考えるというフランス方式から、遺留分を債権として捉えるというドイツ方式に移行するというのですか。そういう流れのもとで、この両者を比較しようという構想だったわけです。

しかしやっていると、少なくとも当時の段階では、なかなかそういうその考え方を裏付けるだけの材料が集まりませんでした。そこで結局最終的には、ただ遺留分について二つの行き方があるという事実を指摘するに留まったわけです。当時としてはやむを得なかったと思うのですが、今日から見ると、結構先見の明があった、あり過ぎたということになるわけです。ご存じのように、フランスが二一世紀になって、相続法の全面的な改正をやりまして、遺留分法も変えたのですが、基本的にはドイツ型に歩みよったと言えるかと思います。だからその時に最初の構想をすぐに発表すれば、先見の明を誇ることができたということで（笑）、今しまったなというわけです。

それで、この最初の論文は論文集に入れてないのですが、将来もし入れるとすれば、今、法協の話がでましたが、法協に載せたものは、最初の論文そのままではなくて、多少変更しており、私の構想がより出ないような形になっております。オリジナルの方は、本来の考え方が少しまだ残っているので、もし将来公表するとすれば、そちらの方がいいかなと思っております。

山田　五〇年から五一年ですから、二五、六歳のときですね。

論文審査

五十嵐　それで、審査ということになったのですが、私もその……ものの見事にはねられまして、後期に進めないことになったのです。鈴木、小田両先輩でも駄目だったのだから、文句も無いと思うのです。論文自体の問題性もありますし、パフォーマンスにも問題があったと、今にして思えば考えられるのです。

ところが、しばらくたって山本桂一さんが私の所にやってきて「お前が書いた論文を法協に載せる」と言い出してびっくりいたしました。合格論文はまだ全然発表されていないのに、落第論文を先に載せるというのは、何事かと思ったのです。一応形は論説ではなくて、今の法協ですと研究ということで。あの頃は研究でしたか……資料でしたかね、よく憶えておりませんが。

五十嵐　二段組でね、そういう扱いをするからというので、それならまあいいだろうということで、承諾しまして。提出論文をちょっと書き直して出しました。ところが校正刷りを見たら論説になっているので（笑）、びっくりしたのですが、文句言うわけにもいかないし、ということでした。山本桂一さんは、当時はまだ東大のメンバーではなかったと思うので、山本さんと伊藤正己さんが、はかって決めたように聞いております。伊藤正己さんといっても、当時助教授になったばかりです。天下の法学協会雑誌に、当時、若手で部外者である人が、執筆者を決められるのか、未だに不思議に（一同笑）、思っております。

そういうことで発表されたのですが。昭和二五年度の法律時報の一二月号の年間回顧に京都大学の磯村哲先生が民法について担当して、あの時は座談会のような形でやっていたように記憶しているのですが、そこで私の論文と、ついでながら鈴木禄弥先輩の落第論文もですが、この二つを今年の収穫だと非常に高く評価していただきました。東大で駄目だった論文を京都の先生が評価していただいたということで、磯村先生には、大変恩義を感じており、それ以後亡くなられるまで、親しい関係ということではありませんが、一応学会で会った時などはいろい

磯村　哲
（1914〜1997）民法・法社会学、京都大学名誉教授。

ろとお話をするというようなことでご指導をいただきました。東大関係の先生方も磯村先生についてはいいるという人が多いのですが、私もその一人ということになります。

そういう経験がありますから、私も多少有名になってから若い人が論文を書いて送ってくれた時、よく読んで評価してあげるということを意識的に心がけてまいりました。さてその遺留分についての論文が北大でも審査の対象になったのです。まだ北大の法文学部の時代ですが、その最後の教授会か何かで審査の対象になったのです。主査はもちろん宮崎孝治郎先生ですが、宮崎孝治郎先生は、非常に高く評価されたようです。私が教授になる時の審査では、宮崎孝治郎先生はあれを助手論文といっておられたようですが、助手論文に勝る業績はない（一同笑）ということを教授会で述べられたと聞いております。その通りですが、一方ではそれだけ助手論文を高く評価していただいた。これは宮崎孝治郎先生から直接に伺ってもおります。法文学部の教授会で、あまり宮崎孝治郎先生が私のことを褒めるものですから、まだ二五歳の若造にそんなもの書けるわけは無いというような質問が出たとは聞いております。

そういうことで、あの論文に対する評価は、いろいろあるかと思いますが、当時は非常に高く評価されました。なお、その後、特に最近になりまして、今慶應義塾大学におられる西希代子さんが、特にフランスを中心とした遺留分の本格的な研究を発表されており、あれで存在理由がなくなったということになるのですが、それまでは遺留分に関しては一番詳しい研究としての地位は占めていたと思います。目的は十分に達したということになります。

判例研究会

――特研生時代は、いわゆる判民（判例民事法研究会）にも出られたのですね。

五十嵐　判例民事法研究会には私も最初からもちろん出ました。当時は判例があまりなくて、借家法だけだったという状況でした。ただ私は家族法をやるということで、家族法についての判例もいくつか扱いました。発表されたのでも、養子縁組の問題や、人身保護法を子どもの奪いあいに使った判例もあります。当時は星野さんの本（前掲書七六頁）にも出ていますが、若い人は自分の一人の名前でなくて、後見人がついて、先生が共同執筆という形で発表されたのです。民法の場合、いろいろですが、来栖先生が一番多かったように思います。そういう意味で民法については、私にとっても来栖先生が先生かなという思いがあります。ただ私にとって来栖先生はえらい先生という印象があまりなく、兄貴分という印象が強いのです。たぶん私たちと同じ年代の人がそうで、来栖先生が弟子をとるようになったのは、私がちょうど北大に赴任した年になります。

――来栖先生は先生と一三違うのですよ。

五十嵐　ああそうですか。申し訳ないのですが、偉い先生という感じがあまりなくて、次の世代の人たちはみなさんすごく先生は偉い先生だという思いが強いようですが（笑）、たぶん、鈴木禄弥さんも私と同じような考えではないかと思います。『来栖三郎先生を偲ぶ』という本（信山社、二〇〇〇年）を読んでもらうとそんな感じがいたします（なお私の話は一九頁以下にあ

唄　孝一
（1924～2011）民法（家族法）、医事法、東京都立大学（現首都大学東京）名誉教授。

潮見俊隆
（1922～1996）民法・法社会学、東京大学教授を経て帝京大学、同名誉教授。

ります）。

判例についてもう一つ述べます。私は家族法を多く担当していたのですが、ある時唄さんが私の所にやってきて、俺も家族法やりたいのだけど、おまえばっかりで……オレにはさっぱり割り当てがない。今度もまた借家法が来た。おまえは氏の変更についての判例を今度扱うことになっているが、それを俺のところにまわしてくれないか、という話がありました。私は別に氏の変更に関心があったわけではありませんので、どうぞどうぞということで早速譲ったのです。さて、しばらくたって判例民事法研究会で唄さんの報告があったのですが、もう素晴らしい報告で、単なる判例批評ではなくて、あれは要するに部落の差別されている人が氏を変えたいというケースなのです。それを認めた裁判例なのですが、それを部落問題にまでつっこんで、これがいかにも唄さんらしいのですが、非常に素晴らしい報告でした。それがその後『氏の変更』という　唄孝一家族法著作選集（第二巻）と日本評論社の法学理論篇の二冊本になった。

——先生のおかげなのですね。

五十嵐　僕が譲らなかったら、あれは生まれなかった（一同笑）、ということで、学界に対して大きな貢献をしたかと（一同笑）、思います。唄というのはすごい男だと、その時痛感いたしました。みなさんは唄さんの成功した後しか知らないと思いますが、私の方は、そうでない時代から、研究室にいた頃、川島シューレでも、潮見とか渡辺洋三とかはもう確固不動のものがあったと思いますが、唄さんはしょっちゅう迷っていたというところがあり、他の川島シューレの人とは、当時からちょっと違うところがあった。ただ、先生方の前に出ると、非常に勇ましいことを発言しておりました。潮見とか渡辺洋三とかはそういうところではあまりしゃべらないので、それを全部唄さんが代弁していました。従って先生方の評判は非常に悪かったようです。北大に赴任してから、鈴木先生と田中先生と、もう一人くらい、私のうちに呼んで食事を差し上げたことがあるのですが、その時に大先生方が、「諸悪の根源は唄にある」という発言をされ、さすがにびっくりしました。いやそんなことありませんよと一応申し上げたのです。今から考えれば嘘みたいな話ですけれども、私の目の前でそういうやりとりがあったので、間違いありません。唄さんがあんなに大成するとは、当時はちょっと思わなかったのです。ともかく、文化功労者でしょ。それが判例研究の話です。

山田晟先生を偲ぶ（比較法研究六五号 二〇〇四年三月）

比較法学会第二代理事長、名誉会員山田晟先生は、さる二〇〇三年一〇月一二日、九五歳で永眠された。以下、簡単にその足跡を辿りたい。

先生は一九〇八年に横浜で生まれた。父は当時裁判官、のちに弁護士として一関で活躍した。先生は一関中学、二高を経て、二八年に東京帝国大学法学部に入学、三一年に卒業したが、裁判官になるつもりで大学院に進み、三潴信三のもとで、ドイツ法を学んだ。そこで三潴に見出され、三三年に助手に採用され、三五年にドイツ法分担の助教授となった。戦後四五年九月には教授に昇格、以後六八年の退官まで坦々たる学者生活が続いた。退官後の一〇年間は新設された成蹊大学法学部に務め、さらにつぎの一〇年間は愛知学院大学大学院教授として授業を続けた。それ以前から続いていた東北学院大学法学部の講師は、なんと八六歳まで勤めた。

先生の最初の専門領域はドイツの担保法で、助手論文は「土地債務の抽象性について」（法協五三巻一、二、三号［一九三五］）である。この制度は、当時の民法学者により抵当権制度の到達点ともてはやされたのだが、先生の研究はその限界を指摘している。助教授就任後の仕事の多くは、当時のドイツの学界消息の紹介であったが、ナチス法学を礼賛することがなかったことは注目される。戦時中の著書としては、専門の『ドイツ物権法上巻』（弘文堂、一九四四）がある。

戦後は、ドイツ法に関する数多くの論文を発表したほか、入門書や概説書の刊行に取り組んだ。四九年には、『ドイツ物権法概説』（弘文堂）と『ドイツ法概論（上下）』（有斐閣）が刊行され、五七年には『入門ドイツ法講義』（有信堂）、五八年には『法学』（東大出版会）、六三年には『ドイツ近代憲法史』（東大出版会）が刊行された（そのうち、『ドイツ法概論』は八五年から八九年にかけて三巻からなる第三版が出たし、『入門ドイツ法講義』のほうは、その後も版を重ね、最終的には『ドイツ連邦共和国法の入門と基礎』［改訂版、一九九二］まで続いた）。他方で、歴史的研究も怠らず、その成果は先生の博士論文である『近代土地所有権の成立過程』（有信堂、一九五八）となって実を結んだ（本書は、プロイセンにおける分割所有権の消滅過程を扱ったもの）。

しかし、先生のドイツ法学者としての本領が最も発揮されたのは、晩年の仕事であろう。その第一は、なんといっても『ドイツ法律用語辞典』（大学書林、一九八一、改訂増補版、一九九三）の単独執筆である。この辞典が若い研究者にどれほど役にたったたか、計り知れないほどである。つぎが東ドイツ法を詳論した『ドイツ民主共和国法概説　上下』（東大出版会、一九八一―八二）である。社会主義に批判的だった先生が、どうしてこれほどまでに東ドイツ法に関心を持たれたのか、聞く機会を失してしまった。最後に登場したのが『東西両ドイツの分裂と再統一』（有信堂、一九九五）である。本書は山田ドイツ法学の総決算ともいうべきものだが、そこには八七歳の老人の筆になるとはとうてい思えないみずみずしさがある。

先生の業績は、ほぼドイツ法に関する実作に限られ、あえて比較法の方法論を論ずることは無かった。しかし、最晩年の著作である『立法学序説』（有斐閣、一九九四）に収録されている「比較法学における内外人の『感覚』の差異について」を読むと、先生はいまはやりの比較法文化論にも精通していたように思われる。

一足先に行かれた奥様とともに、天国での楽しい生活を送られることを祈って、筆を擱きたい。

宮崎孝治郎先生（一九七九年一月二〇日）

ここに北大法学部教官を代表し、宮崎孝治郎先生のご霊前で謹んで弔辞を述べさせていただきます。

先生は戦前すでに著名な民法学者でありましたが、戦後昭和二二年に北大に法文学部が開設されるや、道産子である先生は乞われて法律学科民法講座の教授としてご家族とともに来道され、直ちに講義を始められました。当時の法文学部は物的施設ゼロという状況であり、また住宅事情も悪く、このため、とくに法律学科では当初赴任された教官の多くが北大を去られ、たちまち危機的状態を迎えました。先生自身も数度にわたる大病を経験されましたが、不死鳥のごとく立ち直られ、ついに昭和三九年に定年を迎えられるまで、一七年間北大に踏みとどまりました。その間、先生は北大法学部の教官のうち全国的知名度の高いほとんど唯一の教授として、文字通り私どもの学部の看板教授として活躍されました。北大法学部が今日あるのは、ひとえに先生の頑張られたおかげであるといっても過言ではありません。

この間、先生には、学部長代理、大学院法学研究科科長、北大付属図書館長として北大の管理運営に責任を持たれたほか、北大談話会という学際的サークルを組織され、学部間の知的交流にも努められました。しかし、先生の真骨頂は、民法と比較法の研究にあったというべきでしょう。北大在職中、先生は孜々として研究に従事され、『財産承継制度の比較法的研究』をはじめ、多くのすぐれた業績を発表されました。とりわけ、幾多の難関を突破して実現された『新比較婚姻法』全四巻の刊行は、まさに先生ならではの大偉業であり、余人の追随を許さぬものがありました。先生の学問は、広く深い学識を背景にした比較法的方法によってつねに特徴づけられたユニークなものであります。今日の北大が、比較法の面において多少の特色を有することが認められうるとすれば、その多くは宮崎先生の影響によるものと思われます。先生はまた独特の名講義により多くの学生を魅了したことも忘れられてはなりません。

　先生は定年後も研究教育を続けられましたが、とくに東南アジア諸国を対象とした『新比較婚姻法』の続巻の編集に最大のエネルギーを注がれたように思われます。この世紀の大事業も昨年四月に刊行された第九巻を以ってついに完了しました。そのことが人間としての先主のエネルギーのすべてを奪ってしまったことは残念でたまりませんが、他面、学者としてやるべきことはすべて成し遂げたという充実感をもって、あの世へ行かれたものと信じております。先生はつね日頃、学者は後世に残るようなアルバイトだけをやらなければならない、と私どもに語っていました。先生の育った古き良き時代と違い、今日ではこのご教訓を生かすのは極めて困難でありますが、先生はまさに身を以ってそれを実行されました。

　先生は定年近いころ、北大法学部の将来に大変期待していました。その後、一五年の間に、私どもの学部はユニークな改革を実現し、いまやスタッフは四〇名を超え、形の上では全国有数の法学部に成長しました。しかし、そこから後世に残るような偉大な業績が相次いで出るかどうかは、私どもの今後の精進如何にかかっています。私どもは先生のご期待に副うよう努力いたす所存です。どうか、静かに見守ってください。

五　北海道大学法学部

堂々たる顔ぶれの教授陣

――では、北大に赴任される話をお願いします。

五十嵐　北大法文学部ができたのが一九四七年で、その時法文学部の中に、法律学科と政治学科ができました。ただ、政治学科というのは一講座か二講座しかなくて、しかしあとの法学部の講座もそうたくさんあったわけではないのですが、事実上法学部がその時に創設されたということになります。法文学部については、哲学者の伊藤吉之助先生が中心になって、たぶん伊藤先生が我妻先生に頼んで、法律学者で適当な人を推薦してくれといわれたと思うのです。そこで我妻先生は、民法では、杉之原舜一、それから宮崎孝治郎先生は我妻先生の最初のお弟子さんで、それまでは台北帝大にいたのですが、台北帝大はもちろん敗戦でなくなりましたから、それで日本に引き上げてきていくところがなかったというような状況でしたので、これは当然ということになるわけです。

その他、若い方では政治学の尾形典男と、それから民訴の小山昇先生あたりが中心で。その他国際法では山下さんがまもなく名古屋に移るのです。それから、労働法が、九州大学の林さん。これもすぐに九州に戻るのですけれども。あと商法では服部栄三さん。服部栄三さんは

伊藤吉之助
(1885~1961) 哲学、東京帝国大学教授、その後北海道帝国大学の初代法文学部長。

杉之原舜一
(1897~1992) 民法、北海道大学名誉教授、弁護士。

尾形典男
(1915~1990) 政治学・政治思想史、北海道大学法学部教授、立教大学名教授、立教大学総長。一二四頁参照。

山下康雄
(1901~1958) 国際法、名古屋大学教授。

林　迪廣
(1922~　) 労働法、九州大学名誉教授。

服部栄三
(1920~2008) 商法、東北大学名誉教授。

一八年組で、後期に残れなかった方だと思うのですが、そこら辺で今から考えると堂々たるメンバーということになります。

そういう形で発足しましたが、いろいろ研究上生活上、非常に困難があり、二、三年のうちに大部分が辞められ、残ったのは、宮崎、尾形、小山の三人だけということになりました。それで、尾形さんが東京に行って我妻先生になんとかしてくれって泣きついたようですが、その結果、東大として、北大法文学部の法律関係学科を支援しようということで、菊井先生と、それから鈴木竹雄……、田中二郎……、菊井先生が三人の中ではトップという形で、学部長……法文学部が法経学部になるというのかな。何年ですかね？ 一九五〇年ですね。

私は法文学部の最後の教授会で決まったので、四月から文学部と法経学部が分かれて。その法経学部の初代の学部長を菊井先生が担うという、兼任で学部長という、そういうことですね。

菊井維大先生

五十嵐　菊井先生は、民訴学者としてどれほど有能かということで、兼子先生とよく比べられるのですが、私は学生として講義を聴いた印象では、講義自体はどちらも面白くなかったのですが、ただ、兼子先生は書いたものが素晴らしいというのが学生でもよくわかりました。菊井先生がお書きになったものはあまりなくて。特に面白いと思ったものもなくて。そんなに期待した先生ではないのです。尾形先生が、我妻先生から、菊井先生をキャップにすると聞いて。「へえ菊井ってどんな人ですか」といって、それは鈴木竹雄とか、田中二郎とかは全国的に有

菊井維大
（1899〜1991）民事訴訟法、東京大学名誉教授。東京帝大学法学部教授と併任で、北海道大学教授となり、初代北海道大学法経学部長となる。

兼子　一
（1906〜1973）民事訴訟法、東京大学教授。弁護士。

名でしたから。そうしたら我妻先生が「あれは大した人物だ」と。「心配するな」とおっしゃられた。

全くその通りです。本当に大変偉大な先生で、まあ維大という名前も偉大ですけれども、偉大な先生ですね。非常に細かい心遣いをされる方で、私のような新人として北大に就職が決まったという人には、自宅に招待するとか。更に赴任する時には、上野駅まで見送りに来られるとか。そういうことも全ておやりになったので、私も学部長になった時に、菊井先生をモデルにしたいとは思ったのですが、とてもそんなことはできないという思いをいたしました。

結婚

——ところで、北海道大学に赴任されたときは、先生はすでにご結婚されていたと思いますが、ご結婚されたのはいつ頃でしょうか。馴れそめの話などお伺いできますでしょうか。

五十嵐 私たちの結婚は一種の職場結婚です。私は特研生当時は結婚は三〇歳くらいになってからと考えていたのですが、一九五〇年春に一年後に北大へ赴任することになってから、ひとりで北海道へ行くのは寂しいので、それまでにだれかと結婚するか、少なくとも婚約をしようと思いました。その当時、私の頭の中では、家内は候補者のひとりでした。家内は東京生まれで、府立第三高女（現駒場高校）から東京女高師という戦前の東京の女性のエリートコースを経た人です。一九四三年から二年間北海道の夕張高女で国語の教師を勤め、終戦で東京に戻り、四七年に大蔵官僚と結婚しましたが、一年半後に夫が死亡し、その後、結婚の媒酌を務め

結婚祝賀会。1951年３月25日、東大山上御殿にて。

た田中二郎先生のお世話で、東大法学部の資料整備室に勤めました。当時の資料整備室には才色兼備の女性がそろっており、特研生にとって結婚相手の争奪戦の的となっていたのですが、専門の関係で、私にとっては縁のない所でした。五〇年の正月に、資料整備室から研究室へ百人一首の誘いがあり、私も腕に覚えがあったので、山本桂一さんや高橋康之君などとともに参加しました。百人一首については、整備室の永田みどりさんや家内の実力は大変なもので、私はついて行くのがやっとでした。しかし、これが縁となり、その後、ピンポンをやったりして、私の整備室への通いも増えました。家内とは、東大へ通うための都電が一緒だったのも、親しくなる要素でした。後でも出てきますが、ダンスを教えたことも婚活になりました。さらに、七月に研究室のメンバーで伊豆の戸田（へた）の東大の寮へみんなで出かけたのも、親密度を増すのに貢献しました。そこで家内と結婚することを真剣に考えるようになりました。私は結婚の相手として年齢や結婚歴などは問わないという考えを持っていたのですが、今と違い、六〇年以上前の当時は、年上の未亡人と結婚することにはかなりの勇気が必要でした。しかし、夏休み中にいろいろ思案し（戸隠で長谷川正安さんの意見を求めたこともありました）、決心がついたので、一〇月にプロポーズしました。家内はまさか私がプロポーズするとは思っていなかったようですが、すぐ承諾し、五一年の三月に多くの研究室の同僚に囲まれて結婚式を挙げることができました。

なお結婚後の家内ですが、北大へ来てから三年間は法学部の補助助手のような仕事を続け、子供が生まれた後は専業主婦として過ごしました。しかし、先生方や学生の接待には大いに務め、当時の学生からは、先生の奥様は素敵なかただったといわれています。四〇歳代になってから、たまたま札幌の家裁に初期の学生が裁判官や調査官として赴任していた時に、頼まれて調停委員になり、十数年勤めましたが、これがほとんど唯一の社会奉仕でした。あとは趣味で絵を描いていましたが、娘に先立たれたころから認知症が始まり、三年前に転倒、骨折してからは入院暮らしを続けています。

―― そうなのですか。大変興味深いお話を伺えましたが、奥様のご容態が心配です。早くよくなられることをお祈りしております。

では、ご結婚されて間もなく札幌に赴任されたわけですね。

北大赴任

五十嵐　そういうことで、列車で丸一日かけて赴任したのですが、ただ私の場合は東京から直行せず、まずは新潟に廻って両親に会って、それから新潟から汽車で……。

一九五四年正月。前年一一月に生れた娘、共子とともに。

急行がありましたけれどね、それでやっと、しかも三等車で赴任してきたのですが、同僚の北大の連中、まさか私ども夫婦が三等車で来るとは思ってもいなかったようで、その当時特二というクラスがありましたが、そこの乗車口でみなさんお待ちになっていたようですが（笑）。それから遥か離れたところから私が降りてまいりまして……、というところから私の生活が始まったのです。

最初住んだのは今もうありませんが、北大のグランドの辺りの、二階建ての長屋で、ちょっとハーモニカの形をしているので〝ハーモニカ長屋〟と当時言っておりましたが、そこの二階の一室で生活いたしました。眺めが素晴らしくて、ちょうど西の方に窓があったのですが、今と違って、建物が何もなくて、窓から手稲山が見えるところで二、三カ月暮らしたあと、八月に新しい公務員アパートに、今、批判の対象となっているものですけれども、その四階建ての公務員アパートが、今は札幌の中央図書館になりますが、以前はあそこに北海道教育大学のキャンパスがあり、その一角に公務員アパートが建てられて、そこへいきなり住むことができました。私は戦後ずっと東京で、住宅問題に苦しみましたので、初めてここで人間らしい生活ができたのです。

講　義

五十嵐　講義から始めましょう。当時の北大の民法の講義システムは、東大で行われた方式です。つまり持ち上がり方式といいますが、一人の先生が入学から卒業まで民法を……民法は三部制になっておりまして、その一部から三部まで一人の先生が通してやる。戦前の東大の法学部は三人の教授でやるという建前でしたから、それぞれが一年、ちょうど三年で一巡するわけで、その方式を北大もとっており、私の講義は、昭和二六（一九五一）年の一〇月から始まることになっていたのです。従って、今と違って、四月一日に赴任しろという時代ではなくて、四月に来たのでは寒くてまだストーブが必要で、ストーブをすぐ買うのも大変だろうから、ストーブがいらなくなった頃、五月の中旬頃に来てくれ（笑）というような、良い時代でした。

五月の中旬に来て最初にやったのは、ゼミだけです。最初何をやろうかと思ったのですが、民法は勉強したことないし、ドイツ語の原書講読で済まそうということで、イェーリングの『法における目的』、たまたま潮見俊隆さんと唄さんの二人の翻訳――これは素晴らしい翻訳です――があって、便利だったのです。その講読という形で始めたのですが、何しろ当時の北大では、専任の教授がほとんどいないという段階ですから、何をやっても学生が集まるので、たちまち二〇名ぐらい集まって、それでなんとかこなしました。

それからもう一つ当時札幌市内にあります、今北星学園というキリスト教系の学校ですけれども、そこは女子、今は男女一緒ですけれども、当時は女子だけの学校で、そこが新しく短大を作るということになったのです。英文科だけの短大で定員二〇名くらいなのですが、そこで法学の講義をやってくれと。前任者が弁護士さんで、それが亡くなったということで、代わりがいないから誰かということで、誰かと言っても当時の北大では、誰もいないわけですから、ともかくおまえ行けということで、その二〇名を対象にして、二単位で法学で日本国憲法を含む、そういう科目を担当いたしました。女子短大ということもあって、中身は基本的人権を中心として、しかも男女同権に力点を置いた、そういう講義をいたしました。

男女共同参画の先鞭

五十嵐　私は元々フェミニストでして、学生時代からそうだったのですが、私の論文を書く時、ルソーの『エミール』とか、更にミルの『女性の隷従』とか、そういったのを良く読んで書いたので、それ以来、より一層男女同権、女性がどうやったら発展するかというようなことに、関心を持っておりました。特に戦前の男女不平等というのは、これはもう本当にひどいものでした。

私の姉は、非常にできる人なので、本人は津田塾で勉強をしたいという希望を持っていたのですが、親に話したら、そんなところに行ったらお嫁に行けないから、絶対やめてくれといわれて、しかし女学校だけでやめるのは残念だということで、東京の栄養学校で佐伯という人がやっている学校なのですが、そこに、女学校を出て一年間のコースがある。そこでともかく一年間だけ勉強させてくれということで、まあ一年ならいいだろうと、やっと認めてもらったわけです。ただ、実際はもう一年延期され、それで二年間は東京で勉強できたのです。今の短大を出たという、大体そんな感じになります。それで新潟県庁に栄養士として勤めたのですが、一年もたたないうちにヤル気がなくなったという印象を弟からみて持ったのです。結局当時の職場では、男女不平等で、女の人にはやる仕事がなかったということだろうと思うのです。それで結婚しようということで、お見合いをして、これも偶然のことで、関西の姫路から山の方に入った村の由緒ある、私の先祖なんかと違って、もっとその由緒のある医者の後継者と結婚して、それなりに幸せな生活を送ることができたのです。今なら当然一流大学に入れたと思うのですが、そういうことが非常に困難であった時代ですね。

結局そういうことですから、女学校の教育のレベルと中学校のレベルは全然違う。それを反映してですね、中学校の入学試験と女学校の入学試験がこれまたレベルが違うのです。それをいつも痛感したのは、小学校の六年生の時に受験勉強の時間があったのですが、先生が時々問題を作るのが面倒になると、女子のクラスの問題を持ってきて、それをそのまま出すわけですね。やさしいのなんのって。目をつむっても書けるような、そういう問題しかないのです。これでは、どんなに頭が良くても使いようがないと思ったのです。そういう時代でしたから、今ここにいる女性の先生方は、五〇年遅く生まれてよかったと（一同笑）、思わなければいけないのです。

そういうことで、女性の地位の向上に努めたいということで、短大においても、私なりに非常に熱心に講義をいたしました。学生の評判についてはいろいろあったかと思うのですが、二、三の学生は、私の講義のある日は「朝起きるのが楽しみだった」ということを言ってくれました。これが最高の評価だと思うのです。私自身も学生時代に我妻先生の講義のある時は、我妻先生は全部講義は一講目で、車で運転手付ですから朝の早いのはあまり気にならないと思うのですが、学生にとってはもちろん一講目というのは、あまり好ましいことではないと思うのですが、我妻先生の講義がある時は本当に朝起きるのが楽しみでした。そういう講義をするのが一つの理想と思うので、みなさんもぜひ（一同笑）、あやかっていただきたいと思います。

北大と北星短大

五十嵐　北大時代の私の講義には、誇るべきものが何も無く、後悔の念ばかりしかないのですが、それはともかくといたしまして、その短大の講義を一〇年ぐらいやったと思います。北星短大ですけれども、学生は非常に優秀……当時ですからね。今なら当然北大に行くような連中が、これも親が「北大なんかとんでもない！　まあ短大なら認めてやろう」ということで、嫌々、やむなく短大に来たというのが多かったのです。

北星短大の卒業生はいろいろ活躍しています。北大と関係するものとしては、早瀬さんが学長秘書として、とくに国際交流の分野で活躍しました。北大生と結婚したかたも大勢います。とくに、北大の法学部長の秘書として採用されたかたが、宮崎孝治郎先生の三男の孝君と結婚しましたが、孝君はキャリアの外交官試験に合格しましたので、そのかたは大使夫人になりました。ちなみに孝君は北大法学部から大学院に進み、そこで外交官試験に合格したのですが、

1957年、当時の北大法学部のメンバー。
左から矢田、松岡、五十嵐、小林、小山、宮崎、荘子、鴻、山畠、今村。

大変な勉強家で、フランスで国際経済学の博士号をとり、退官後は金沢の大学で国際経済学の教授として活躍を続けました。

で、学部の方は五一年の一〇月から講義を始めたのですが、講義は先ほど言いましたように持ち上がり制ですから、我妻先生が当時使っておられた、経済学部用にかかれたという『民法大意』という本があり、あれは本当に名著だと思うのですが、あれを使ってやりました。結局私の場合は三回持ち上がり講義をしたのですが、ただ、完全にやったということがなくて、一回目は二部で力尽きまして、三部は来栖先生に来ていただいて、やっていただきました。来栖先生がやられたっていうのはそれだけしか、それ以外ないのではないの？ 結局私の力ということになるわけだから（笑）、非常に誇りにしているのです。

来栖先生は結構楽しい思いをされたようです。

―― 先生の代わりをされたのですか……（笑）。

五十嵐　それ以来来栖先生は札幌には時々来られた。

和田英夫
（1918～2001）憲法・行政法、明治大学名誉教授。

小林巳智次
（1893～1977）民法・農業法、北海道大学名誉教授。

矢田俊隆
（1915～2000）歴史学・政治学、北海道大学名誉教授。

若手学者の招聘

―― 北大はその後若手の学者を次々と招聘されますね。

五十嵐　北大は私が助教授になった時には、法経学部、実質法学部でしたけれども、法経学部法律関係の専任の先生が三人しかいない。それに東大から三人が加わった。六人ということになります。もうひとり、和田英夫さんが教養部の法学担当ということで、加わっていました。和田さんは東大出身で、北大の農業経済学科の小林巳智次先生のもとで勉強されていたかたで、大変良いかたでした。彼は、のちに明治大学に移り、憲法学者として大活躍をしたことは、皆さまご存じのとおりと思います。だから、彼を加えると七人になります。昭和二五年に私のほかに今村先生と、矢田先生と二人加わって。矢田俊隆、政治史で、東大文学部の西洋史の出身ですが、マイネッケの専門家だし政治史もやれるということで採ったようです。矢田先生は五〇年（昭和二五年）にすぐ赴任しました。それから今村成和先生は元々民間の三菱商事にいたのですが、今村成和先生は元々研究者になりたかったのです。しかし、当時助手のポストが少なくて、しかも同期には丸山さんと辻さんがいて、あの二人は学生時代から非常に有名でしたから、その連中が助手になる、俺はとてもそれにはかなわんというようなことで、民間に就職したのです。しかし三菱商事に入っても、法律の方に関心が強く、その方をやっていたと思うのです。それで田中二郎先生に接する機会があって、戦後、公正取引委員会ができたので、そっちに移って課長か何かをやっていたのですが、田中先生が、今村先生を行政法で採るということにしたのです。しかしすぐには講義は無理だから、最初講師として採用して、二年間東大で勉強させて、それから教授にして赴任させるということだったのです。従って私が昭和二五年に助教授になって、今村先生が講師だったから、私の方が今村先生の上司であったのですね。それを誇りにしているのです（笑）。従って、二年間は集中講義には来ておられましたが、ずっと東京で研究を続けたということで、従って二五年に実際に赴任してきたのは矢田先生だけで、それで一〇人、そんなところでした。

それで私が赴任してから、その二六年頃に、東大から鴻常夫さんと、永井陽之助これは政治学者ですね。それと山畠正男と、もう一人、刑法の荘子邦雄。この四人を一年か二年の間に採ったと思うのです。東大から送られてきたのはこれは問題なし。山畠の場合は、中川先生から直接宮崎先生に話があったのですが、宮崎先生は断られた。断った理由というのが、東北大学の出身者に対する偏見にあったようです。中川先生はさすがに政治家で、今度は我妻先生を通して頼んだので、宮崎先生も、我妻先生に頼まれたら断れない。それで採るということになりました。彼の場合は、本当はなぜ東北に残さないのかということですが、伝え聞くところによると、中川善之助先生は残したかったのだが、本人が北海道出身でしょ。ご両親が帯広にいるということもあって、自分は北海道で親の面倒を見るのだということで、それで中川先生は諦めて、北大に採ってもらうということになったわけです。そういうことで、私も山畠先生の業績を詳しく拝見して、これはよくできる人だと感心しました。例えば中川先生の編集した『注解親族・相続法』があるのですが、その相続法について、川島先生がどこかにベタ褒めな

永井陽之助
（1924～2008）政治学、東京工業大学名誉教授、青山学院大学名誉教授。

荘子邦雄
（1920～　）刑法、東北大学名誉教授。

批評を書いておられ、具体的に挙げている点は、ほとんど山畠が書いている。そういうことも披露して、これはスゴイ学者だということで採っていただきました。ちなみに、私も家族法をやるということで、北大赴任した時もそう思っていたのですが、山畠の論文を見て、これはとてもこちらがかなう相手ではないということですね。しかも財産法をやってみれば、講義は先ほども言ったように持ち上がりですから、財産法から始まるわけですが、やってみれば結構面白いということで、むしろ北大に行ってからは、研究の中心は財産法の方に移った。山畠が来なかったら、私はもっと家族法をやったかもしれないが、そういう次第です。東大の共同研究室に居た時は、幾代通と鈴木禄弥が同じ部屋で、二人とも財産法が中心でしたから、その二人を見ていると、とても財産法ではあの二人には太刀打ちできない。それで家族法をやる気になったという面もあります。どうも行くところで強敵が現れ（笑）、そうすると、私の方で退いて別の分野に行くという、どうもそういう習癖があるのではないかという気がします。

あと、鴻常夫君の場合は、これはともかく本人が来てくれるなら文句なしでした。鴻常夫君とは、彼の学生時代から知っていたのですが、学生時代にはもう助手クラスの実力があったという感じで、特別研究生になったら助教授レベルの学者で、北大に来た時は教授並みという、そういう印象を持っていました。それから、永井陽之助の方は政治の方ですから学問上のことはよくわかりませんが、彼も東大の研究室で一緒の時代があって、当時からよく知っていた人でした。

研究者向きの才能

それから後は藪君ですか。藪君は北大の一期生……高校から軍隊にとられてシベリアにいくわけですが、無事帰ってきて、行く前に一応北大の医学部に合格しました。当時私もそうなのですが、高校の文科系でも、唯一医学部は入れた。それで医学部に行けば兵隊に行かなくてすむ、ということで、今から考えると、私もそれを利用するという道もあったと思うのですが、なんとなく当時は医者になりたいと思わなかったということもあり、また戦争から逃げるというのが男らしくないという、つまらないことを考えていました（笑）。今からみたら命の方が大事だから、医者になったらよかったかなというところもあり、非常に大きな人生の選択だったのです。私の高校のクラスから五人ほど新潟医大の方に進み、それで結構みなさん成功しました。一人は新潟大学医学部の教授になりましたし、それからもう一人は浜松に行った中山耕作というのがいるのです。これは浜松の病院長になって、かなり有名な人らしくて、数年前に亡くなった時に、新聞の一般社会欄に死亡記事が載るということでした。本当にそういう道もあったと思うのですが、藪君もそんな形で医学部に入学したことになったと思うのですが、ともかく兵隊にとられてシベリア行きになって、帰ってきて法文学部の法律学科に移り、それがちょうど一期生になるのですね。司法試験を受けて、最終的に合格しましたが、共産党に入っていたかなんかで、司法修習生に採用されなかった。それで行き場がなくなって、旧制大学院に入ったのかな。それで法学会で報告したら、非常にすばらしい報告でみんな感心して、それ

藪　重夫
（1925～2008）民法、北海道大学名誉教授、北海学園理事。

ではというので特別研究生に採ってもらってね。その後も大変よくできる。
藪を助教授に採ったのは、私が留学から帰ってきてからですが、山畠と二人でひと夏をつぶして、いろいろ他の先生に説得をしまして、それで実現した人事であって、私たち二人に責任があるのですが、その後の藪くんの活躍を見ると、この人事が果たして良かったかというのは、多少疑問になるわけであります。山畠くんも、あれは失敗だったという見方をしているのですが、私もそう思います。宮崎先生のところに説得に行った時に、俺は反対だ、藪は研究者には向かない。あれは、ジャーナリストとして活躍したらいいんだ、というようなことをいっていました。藪は北海道や札幌市のいろんな審議会で中心的な役割を演じてきまして、例えば建設工事紛争審議会の会長をやっており、私も一緒に委員としてやったことがあるのですが、本当に堂々たる委員長ぶりで、大変な才能のある人であります。したがってもし司法研修所で採ってくれれば、場合によっては最高裁の長官になったのではないかという(笑)、それだけの能力のある人だったと思うのです。研究者には残念ながら向かなかったということで、こちらは失敗だということになります。藤岡を採る時に藪君の失敗を繰り返してはいけないということで、かなり慎重に対応しました。採ってからも、私が中心になってトレーニングしたのですが、藪君のようにはならないというのが、一つの目的でありました。それは目的を達したと思うのです。ともかく、藪先生のように大秀才で非常に能力のある人ですが、研究者には向かないという人があるということが、よくわかりました。そんなことを言えば、東大の昭和一八年組で、研究者として業績を非常にたくさん出した人というのは、どうですかね？ みなさんからみて。

藤岡康宏（1939〜　）民法、北海道大学名誉教授、早稲田大学名誉教授。

伊藤正己は問題ないし、それから滋賀秀三これは素晴らしい業績を上げていますが、それを除くと、加藤一郎さんなんかも、自身で書いたものはたいしたものがないといわれていますし。

五十嵐 それから雄川一郎。あれもたいしたものでしょう。石川吉右衛門もだし。つまり、研究者には向かない人が、兵隊に行きたくないので、それで特研生になった。本当に二人だけだという感じですね。池原季雄さんはよく存じており、非常にできる方ですが、業績が多い少ないでいえば、あまり多くはない方ですね。

―― 滋賀先生も多くはないですよね。

五十嵐 いや、でも滋賀さんはすごいですよ。あれだけ書けば十分ですよ。僕は滋賀さんを一番尊敬していますよ。一八年組の中ではね。学術会議でご一緒になった時に、滋賀さんが部長をやっておられたのですが、札幌で部会があって、その時に講演をお願いしたのが、滋賀さんでした。というのは、学者らしい学者を、北大の人に見てほしいという気持ちで、無理にお願いして実現させたのです。本当にその二人だけという（笑）それではこの話はそこら辺で……。

滋賀秀三
（1921～2008）東洋法制史（中国法制史）、東京大学名誉教授。

雄川一郎
（1920～1985）行政法、東京大学名誉教授。

池原季雄
（1919～2000）国際私法、東京大学名誉教授。

北大をとりまく学者たち

五十嵐 川井健がね、出ていますね。これは我妻先生からの紹介、推薦ですから、北大としては文句はない。ただ本人が来てくれるのかというのが、唯一の問題だったので、私が留学前に東京に行った時に直接会って説得いたしました。彼はそれだけで北大に来ることに決めたかどうかはわかりませんが、それも一つの理由かと思います。それで川井君には、私は北大によく来てくれたという思いが非常に強くて、今日に至っているところがあります。引く手あまただったのによく北大に来てくれたと、そういう思いが強いですね。

あと、商法の平出慶道ですね。平出君は研究室は僕と一緒ではなく。北大へ行ってから残った人だと思うのですが、星野先生の本に出ているように（前掲書七二頁に写真があります）、第六共同研究室のOB会というのが学会のたびに開かれましてね、そこで助手や特研生になりての人と接する機会があって、人材発掘の場所にしました。北大では、東大の、若手の人事の情報は、割に早く入ってくる。星野さんも、割に早い段階で東大に残すという。これは引き抜きの対象にならないということです。他の先生についてもそうですね。これはもう東大に残るから、では別なのを探そうと。そういうようなことで、なんとか一〇人くらい揃ったのです。その時昭和三〇年代の前半にね。それで最小限度の格好はついたことになります。私法の方はその時から十分に数は揃ってしまった。憲法は最初誰もいなかったのです。非常勤講師で高柳信一さんなどが来てくれました。

――深瀬忠一さんはいつ？

五十嵐　ずっと後。深瀬とそれから小川晃一、この二人は、東大の先生から、深瀬は宮沢先生ですね。それから小川は丸山先生から頼まれて助手に採った。この二人、どちらも共通なのですが、学者として見所は指導教授からしてあるのだが、学校の成績があまり良くなかった。

平出慶道
（1930～　）商法、北海道大学助教授、教授を経て、名古屋大学教授、名古屋大学名誉教授、弁護士。

深瀬忠一
（1927～　）憲法、北海道大学名誉教授。

小川晃一
（1927～　）政治学、北海道大学名誉教授。

深瀬なんかはなんで悪いのかなと思うのですが。東大ではその頃は助手制度が利用されるようになったかどうか記憶にないのですけれども、東大には残せない。北大には助手のポストが余っているようだから、それを貸してくれないかと。そういうことで、三年たっていい論文を書いたら、当然北大は助教授に採る優先権が、書かなかったら面倒は自分たちの方でみる。こういうことで、深瀬君の方は三年たって大論文を書いて、それで文句なしに北大で採ったのですが、小川晃一君の方は、三年たっても五年たっても何も書かない。丸山真男先生もお困りになって、先生から、今村先生に、助手の延期願いをしている手紙があるのです。それは丸山先生の書簡集の中に載っていると思います。

小川晃一君にはかなり失礼でもあるのですが、実はその手紙をどうするかについて、今村先生の――今村先生はもう亡くなったのですが――奥様から相談を受けましてね。ともかくその中身を見ようと。みたら確かにちょっと問題。基本的には小川晃一君は実力は十分ある、もう少し待ってくれ、そういう調子なのです。しかし約束が三年というので、そう何年も伸ばすわけにいかないから、なんとかもう一年延ばしてくれないかと。そういう内容なのです。さすがにこれは本人に断らないで出すわけにいかないから、小川晃一君にコピーを送って、一応了承を求めました。そしたら彼、OKと言ってくれたので、それで載っているのです。褒めているといえば確かに褒めているのですが（一同笑）、あんまりみっともいいことにはならないのです。それで、結局何年たったのですかね。

―― 五二年に北大助手。五八年に助教授になっておられますね。

五十嵐　六年。それぐらいかかったのではないですかね。今から見ると、彼は北大を代表する大学者の一人です。非常に立派な著書論文があります。北大の助教授になって、赴任してきて、教授会で挨拶するでしょう。その挨拶が、すごく立派でした。なんでこんなに出来るのに、六年間もかかったのかという印象を持ちましたね。だから、学者を育てていくのは難しいですね。彼を採ったので、北大は大儲けをしたというわけです。それにしても立派な決断をしたことになると思うのです。特に政治の方は若い間にいい論文を書くというのは難しいですよね。政治思想史は本当に難しい分野で、どれだけ待つことができるかということですね。

――北大では、先生のご専門の比較法という観点の反映した人事をされてきたようにも見えますが、実際のところはいかがでしょうか?

五十嵐　北大の人事について私がどのような影響力を持ったかは、私としてはなんとも言えませんが、民法関係の人事には、ひところはかなりの影響力をもったかもしれません。しかし、私が人事について外国語の能力を重視したのは、比較法の人事だけです。曽野和明君（英米法）や櫻田嘉章君（国際私法）の採用にさいしては、彼らの外国語を話し、書く能力にも大いに期待しました。これは、私自身その方面の能力が全くないということも影響しています。なお、小森田秋夫君（当時社会主義法、神奈川大学）についてはとくに語学力を問題にしなかったのですが、ロシア語に堪能だっただけでなく、ポーランド語も習得し、比較研究の範囲を拡大しました。

これに対し、民法関係の人事については、基本的に東大から推薦されてきた人をそのまま

曽野和明
（1934～　）英米法・国際取引法、北海道大学名誉教授。

櫻田嘉章
（1944～　）国際私法、北海道大学教授を経て、京都大学教授、京都大学名誉教授、弁護士。

田宮　裕
（1933〜1999）刑事訴訟法、刑法、少年法、北海道大学助教授を経て、立教大学教授、立教大学名誉教授。

とっただけで、とくに比較法的能力を重視したわけではありません。たまたまその能力に恵まれていた人が多かっただけです。民法外でとくに印象的だったのは田宮裕君（刑訴）です。彼の助手論文は、アメリカ法と日本法を比較したものですが、まったく素晴らしく、これが卒業後三年間で書ける論文かと感心しました。彼のその後の活躍についてはご存じのとおりです。民法では、やはり瀬川信久君（早稲田大学）の論文が光ります。日本の附合法の成立に影響を与えた外国法をフランス法にかぎらず、ありとあらゆる外国法を調べ上げて書いているのは、そのときの選考委員会全員が感心しました。民法のその後の人事については、私はせいぜい選考委員会の一員として参加しただけですが、内田、吉田邦彦（北海道大学）、吉田克己（早稲田大学）と続き、北大民法の黄金時代をもたらしました。それぞれ審査論文では比較法が駆使されており、全員がその後も比較法関係でも活躍されていることは、うれしい限りです。

なお、北大出身の民法学者については、学部時代に私が教えた人が多いので、話ししにくいのですが、藤岡康宏君と藤原正則君（北海道大学）は、小樽商大の出身ですが、北大大学院に入ったときに、すでにドイツ語を十分マスターしていました。曽野裕夫君（北海道大学）は学生時代からドイツ語がよくできました。池田清治君（北海道大学）は、子供のころから知っている間柄ですが、こちらは英語が堪能で、私にとっては、いま一番頼りになる研究仲間です。もっとも以上はむしろ例外で、北大の学生にとっては、語学力と法律の解釈力が両立せず、したがって北大出身の法学者については、語学の不得手な者が多いと思っています。しかし、その後の努力で何とか弱点をカバーしているのは、評価に値します。なお、私が出会った北大法学部学生で一番語学の能力に恵まれていたのは、伊藤知義君（中央大学）です。彼は東欧語を中心に、その後も他の法学者ができない語学を駆使して活躍しています。

五十嵐先生への Ruf（招聘）

―― それでは、研究の方にもう一度戻っていただいて。先生がいろんな大学から呼ばれた（Ruf）という話を。

五十嵐　ああ、この Ruf というやつね。いろいろな大学から招聘されたという話は事実です。これには公式非公式いろいろありますが、はっきりしている一つは名古屋大学です。名古屋大学の次に大阪市立大学です。この二つは非常に共通点があります。名古屋大学は幾代通、大阪市大は鈴木禄弥という、私の親しくしている先輩の二人が東北大学に移ることになるのですが、名古屋の方は非常に揉めまして、代わりが見つかったら出てもいいということになったようです。教授会を納得させる代わりが、私以外いなかったようで、そこで三宅正男さんから私に招聘の手紙がきました。

―― そうすると、民法としてということですね。

五十嵐　そうです。私の話は全部民法なのです。ちょっと頭にくる話なのです（一同笑）。本当にね、比較法より民法の方が上だという感覚をみなさん持っておられると思います。なんで比較法になったかという話を前にしなければいけなかったと思うのですが、北大に採用されるという話があった時に、講座はどうするかということなのですが、北大には民法の講座と、

三宅正男
（1918～2005）民法、名古屋大学名誉教授。

比較法の講座と二つある、どちらも空いている。どちらでもいいと。ただし、講義は当分の間は民法にしてくれという。こういう条件だったので、それならばというので、私としては比較法を選びますということで、比較法の講座をもったといういきさつがあります。従って、講義の方も民法を中心にして、先ほど言ったように持ち上がり講義を三回やったわけですから、最初の一〇年近くは専ら民法をやったことになります。だからこの頃既に民法学者としての方が有名だったのでしょうね。幾代先生がおられて、それで来いというなら話は別でしたが。実はその話は、特研生時代にもあったのです。幾代さんの方が先に名古屋の助教授になられて、それからしばらくして私に、民法の講座がもう一つ空いているから、君来ないかということでした。幾代さんのいるところだから、それなら行きましょうかという気に一応なりました。ところがそれからしばらくして、この前ああいう話をしたけれど、申し訳ないけれどおまえダメだと。名古屋としては、もう一つの講座は法社会学の人を採りたいと。川島シューレの人を採りたいと。そういうことで、断られた。あの時、結局名古屋大学は川島シューレを一人も採れなかった。

森嶌昭夫
（1934～　）民法、名古屋大学名誉教授。

――森嶌先生もですよね。

五十嵐　森嶌まで採れなかった。間が空きました。だからあの時僕を採っておけば（笑）ということです。私ももしかして名古屋に行ったら、川島シューレとは親しくしていましたし、それから昭和二五年の夏に三週間くらい、戸隠で過ごした。あの頃は、夏の暑い時に涼しいところに行くという。お金のない連中ですが。戸隠は、高いところにあるから涼しいし。それから、戸隠神社の周りにいろんな宿泊施設が充実して。そこに、高柳信一、潮見それから、名古屋に行ったばかりの長谷川正安。この三人がそれぞれ結婚したばかりで、ご夫婦で三組いるところに私も一緒になり、ひと夏そこで過ごしたことがありました。長谷川正安とも親しくなりました。個人的には面白いし。だから名古屋に行くと、長谷川とか稲子とか、左の方のそうそうたる連中とも個人的に親しいし。他方の右よりの……幾代さんもそうだし、山田鐐一とか、北沢正啓とか、そこら辺とももちろん親しいものだから、両方に挟まれて、苦労するかなという問題はありました。その段階では名古屋に行くつもりでしたが、それは流れて、それで幾代さんがいなくなるというので行くというのは、それはお断りということで断って。それから大阪市大も鈴木禄弥さんが東北大学に移ってからの話だと思うのですが、大阪市大ではスムーズに移ったみたいですが、谷口知平先生としては、将来自分の後は鈴木禄弥に託したいと思っていたので、それをとられて非常に残念だということで、なんとか私に来てくれないかということを、直接どこかの喫茶店で頼まれました。谷口先生は比較民法学者で、私のもっとも尊敬している学者ですし、なかなか断りにくいところがあったのですが、禄弥がいないところに行ってもつまらないし、大阪にあまり住みたいとは思わなかったものですから（一同笑）（もっとも私は子供の頃からの阪神タイガースのファンです）、そちらも断ったのです。

あとはね……話はいろいろあったようですけれども。

山田　今の話は。確か、一九六〇年ですよね。お二人が東北に移られたときは、我々はびっくりしました。先生はその時に、民科でねナチス法学の話をされたわけです。それに私が出て、

長谷川正安
（1913〜2009）憲法、名古屋大学名誉教授

稲子恒夫
（1927〜2011）ソビエト法、社会主義法、名古屋大学名誉教授。

北沢正啓
（1925〜2007）商法、名古屋大学名誉教授、中京大学学長、中京大学名誉教授。

谷口知平
（1906〜1989）民法・英米法・宗教法学、大阪市立大学名誉教授。

それが私と先生のはじめての出会い。

山田　その時お会いしているのですよ（笑）。五二年前の話。

五十嵐　ああそうですか！

ヴィアッカー

五十嵐　いやいや……あの時、磯村先生がとてもいい質問をしてくれて。学会で報告をすると、いいこともあるのだなあと、つくづく思いました。ところでナチス法学者としてラーレンツはともかく、ヴィアッカーをのせているのだけど、これは間違いだったのではないかと最近は思っています。どうですか？ ナチス私法学者の中に、ヴィアッカーを入れるというのは。最近ヴィアッカーの批評では、彼は直接ナチスに加担したという人ではないという説が有力のようです。

小川　ヴィアッカーについては……微妙だと思いますね。

五十嵐　難しいか。

小川　いや～彼はね～資料がちゃんと出ていないのでなんとも言えないのだけど、これこそ、憶測以外の何ものでもないのですけれども、彼は要するにプリングスハイムの弟子で、プリングスハイムはもちろん、ナチスに追われて行くわけですよね。結構ラーベルの弟子だとか、シュルツの弟子だとか、例えばフルーメなんか就職できませんでしたよね、なかなかね。それからラーベルの弟子で結局亡くなって、ラーベルの記念論文集の中には遺稿が収録されている

ヴィアッカー（Franz Wieacker, 1908–1994）
ローマ法、近代私法史、民法学者。師は、ロンドンに亡命したフリッツ・プリングスハイム。戦前ライプツィヒ大学教授、戦後はフライブルク、ゲッティンゲン大学教授。代表作、『近世私法史』、『ローマ法史』。

ラーベル（Ernst Rabel, 1874–1955）
ローマ法、比較法、民法学者。ベルリン大学教授職、カイザー・ヴィルヘルム外国私法・国際私法研究所（現マックス・プランク比較法・国際私法研究所）所長職をナチス政権初期に失いアメリカに亡命。代表作、『商品売買の法』、『抵触法』。

（H・G）マイヤー、そういう人が何人かいるわけですよね。そういう中でヴィアッカーはものすごくうまく立ち回って教職につくわけですよね。しかももうちょっとあれなのは、ヴィアッカーのすごい変なところは、彼は要するに法曹有資格者じゃないのですよ。つまり修習しないで、すっと就職しちゃうのですよ。だからそういうのも含めてなんかこう……私らなんか非常にいかがわしいところがあるのじゃないかという印象を持っているのですけれども。

五十嵐　今書いている本の中で、そのうちにヴィアッカーを扱わざるを得ない時がくるのだけど、どうするか迷っているところなのです。

民科および社会主義法研究

——ところで、磯村先生が質問されたという、民科で報告された経緯はどのようなことだったのでしょうか。

五十嵐　磯村哲先生の質問ですね？その時先生はラーレンツなんかを、自分は戦前全然評価をしなかった。当時私はラーベルとその弟子たちのやっていた業績を評価していたと。そういう質問をされました。日本にそういうすぐれた学者もいたのかと思って、磯村先生をますます尊敬するようになったといういきさつがあります。大体僕が民科に入ったのは、阿利君に頼まれて断る理由もないからということで、あまり熱心な会員ではない。民科は今でも北大でやっていますよ。社会主義法やっていた連中が中心です。あまり北大の連中は熱心でないのですが中央の会合にはよく出ています。私はもうほとんど……もちろん、今、会員でありません。

フルーメ
（Werner Flume: 1908–2009）
二〇世紀ドイツを代表する法学者。一〇〇歳の誕生日には、「世紀の法学者世紀を生きる」と祝賀。ユダヤ系教授のボイコットを訴えるナチスを公然と批判して教職につけず。戦後、ボン大学教授。主著『法律行為』は、わが国にも影響を与えた。

マイヤー
（Georg H. Maier: 1907–1945）
民法、ローマ法学者。ラーベルの弟子。教授資格取得後に、ナチスドイツ講師同盟参加を拒否。ナチスの若手研究者の洗脳の実態や、ナチス下の判決に関する批判的新聞記事を掲載。ソ連軍捕虜中に死亡。ラーベルのローマ法学の承継人たるべきだった学者。

――民科との関連での質問ですが、先生は社会主義法についてもご研究されていますが、関心を持たれた理由は何でしょうか？

五十嵐　私が特研生となった戦後初期のころは、戦前への反動もあって、みんなが社会主義やマルクス主義に関心を持っており、特研生のあいだでも『資本論』の輪読会が開かれ、私も参加していました。そこで、比較法を目指す私にとっても最初から社会主義法に関心がありましたが、当時の東大では社会主義法を専攻する研究者は一人もおらず、私にとっても社会主義法は近づきがたい存在でした。状況が変わったのは、高校の同期で、シベリアに抑留されていた藤田勇君が一九五〇年のはじめに帰国してからです。さっそく東大の研究室に来てもらい、助研生を対象にソ連の話を聞く会を開いたりしました。なお、私は彼とは高校時代はほとんど話をする機会が無かったのですが、一九四四年秋に、一緒に東大に入ってから、新潟高校の出身者が本郷の誰かの下宿に毎晩のように集まり、いろいろ話をしたことで親しくなりました。私の見るところでは、当時の藤田君はリベラリストであったと思います（私のクラスでは、そのような生徒はあまりおらず、その点で尊敬していました）。さて、彼が帰ってから、さっそくロシア語の個人指導を受けました（しかし、その後の勉強を含めて、結局私はロシア語を自由に読み書きするという段階には達することはできませんでした）。

北大に来てからはさらに社会主義法に接する機会がないまま、最初のドイツ留学を経験しました。そこでは少しは社会主義法である東ドイツ法についての情報が入るかと期待した面もあったのですが、これはすぐ裏切られました。当時の西ドイツでの東ドイツに対する見方は、

初期の北大スラ研のメンバー。1964年11月、熱海にて。前列右から２人目が私。

日本におけるそれとはまったく違い、東ドイツを評価する人など一人もいないという状況でした。尊敬すべきドイツ人が、近くで見聞きできる東ドイツについてもっている見解は、否定する余地がないので、社会主義のほうが資本主義よりすぐれているという、当時の多くの日本人のもっていた考えかたは修正せざるをえなくなりました。私の最初の留学時に現地で書いた唯一の論考は「ドイツにおける家事裁判制度」（『家族問題と家族法Ⅶ』酒井書店、一九五七年）です。このシリーズの編集方針は、家族問題は社会主義のもとではじめて解決するというものでしたが、私はそれに賛成できないというメッセージを入れています（三五頁）。日本における社会主義法研究の発展については、小森田秋夫君が詳しい検討をしており、そこには私の論考についても取り上げていますが（『法律時報』）、残念ながら上記論考には触れていません。なお、帰国後の私の社会主義法についての関心の高まりは、スラ研と関係しています。

――　ではスラブ研究センターについてお伺いします。北大のスラブ研究センター創設の経緯はどのようなものだったのでしょうか。その名称も含めて、先生がどのように関わられたのかお聞かせ頂けますか？

五十嵐　北大のスラブ研究センター（かつての「スラブ研究施設」、以下両者を「スラ研」と略称します）と私の関係は長くかつ深いものがあります。もともと地域研究の場としてのスラ研は、北大法学部の創設時のボスであった尾形典男さんの発案によるものです。尾形さんは、私の赴任する前に、多分国務省の招待でアメリカを数カ月旅行し、そこでの地域研究の充実ぶりに関心を持ち、北大でもそれをやりたいと思われたようです。札幌はロシアに近いし、北大文学部にはロシア語の講座もあり、そこには木村彰一というロシア語の第一人者がいたので、スラブ地域研究のための絶好の場所でした。そこで二人は相計ってロックフェラー財団から研究費をとって、スラブ地域研究を始めました。それを契機として、その後、文部省からスラブ研究施設として正式に認められました。この施設は、語学、歴史、政治、経済、国際関係などの部門からなっていましたが、正式のポストはたしか助教授一、助手一で、あとは兼任の研究員が全国から集められることになりました。

しかし、研究施設は独立の部局ではなく、どこかの学部に付置されなければなりません。これまでのいきさつでは当然文学部が引き受けるべきでしたが、当時の文学部はいろいろ問題を抱えており、難しかったようで、尾形さんの所属する法学部に付置されることになりました。尾形さんは、法学部の天皇と言われた方ですので、付置自体に対する反対はなかったのですが、法学部に付置する以上、法律部門がないのはおかしいという意見があって、そのため学内措置として法律部門も認められ、私がそれを担当することになりました。ところで、スラ研が発足

木村彰一（1913～1986）ロシア文学、北海道大学教授、北大附属スラブ研究施設長、その後東京大学文学部教授、東京大学名誉教授。

したまさにその時に、肝心の尾形さんが一身上の都合で北大をやめることになりました。法学部からは東欧史専攻の矢田俊隆さんが政治部門の研究員になったのですが、法学部の中には、発足当時のスラ研は何をするかわからないという不信感があり、監視役としてもう一人加える必要があるというのも、私を選んだ理由と思われます。

さて発足当時のスラ研は、年に二回研究会を開くのが主な仕事でした。研究員には、木村、矢田のほか、江口朴郎（国際関係）、猪木正道（政治）、岩間徹（歴史）など当時のわが国のスラブ研究を代表する学者が集まり、壮観でした。メンバーの間には多少のイデオロギーの違いがありましたが、ほぼ共通したのは「ロシア人は好きだけど、ソビエトには反対」という点でした。その点で、当時のわが国の社会主義法研究者とは全く異なる雰囲気が見られました。このため、監視役の必要性など全くなく、私自身、「ミイラ取りがミイラになった」という心境を体験しました。また、私の役割は監視役だけというわけにはいかず、定期的に研究報告も課されました。この方面の語学に不案内な私にとって、やれることは、ソビエトはじめ東欧諸国の法律問題を、読める言葉で書かれた文献を使って伝達することだけでした。最初の報告は、Berman, Justice in the U.S.S.R. 1963 の紹介でしたが、好意的に受け取られました（これは未公刊、後悔しています）。その後のものでは、「社会主義諸国家における夫婦財産制の諸問題」スラブ研究七号や「ドイツにおける Ostrechtsforschung の発展と現状」同一五号などが主なものです。それらにおける私のメッセージは、わが国の社会主義法研究はイデオロギーにとらわれず、もっと sachlich なものでなければならないというものでした。このような視座が得

江口朴郎
（1911～1989）西洋史、東京大学名誉教授。
猪木正道
（1914～2012）政治思想、京都大学名誉教授。
岩間　徹
（1914～1984）ロシア史、東京女子大学名誉教授。

百瀬　宏
(1932～　) 国際関係、津田塾大学名誉教授、広島市立大学名誉教授。

伊東孝之
(1941～　) 国際政治、北海道大学名誉教授。

木村　汎
(1936～　) ロシア政治、北海道大学名誉教授。

られたのも、スラ研の諸先生方に負うところが大です。

しかし、当時のスラ研はややサロン的で、研究の厳しさの点で物足りない感がしました。将来的には社会科学部門をもっと強化する必要があると思いました。そのためにはポストを増やす必要がありましたが、歴代の法学部長の尽力などにより、次第にポストが増え、社会科学者として百瀬宏、伊東孝之（いずれも国際関係）、木村汎（政治）が加わり、スラ研が「日本のスラ研」にとどまらず、「世界のスラ研」になりました。念願の「スラブ研究センター」として独立の部局となったのは、その成果です。その間における私の役割は乏しいものですが、北大にきて私のかかわった法学部もスラ研も飛躍的な発展を遂げたのは、うれしい限りです。

北大時代の尾形さん（一九九一年一月『回想尾形典男』）

私が尾形さんに始めてあったのは昭和二五年であるが、本格的にお付き合いをするようになったのは、翌年私が北大に赴任してからである。それまでは東京でいろいろ噂を聞いていた。しかし、当時の私の周辺での尾形さんの噂はけっしてよいものではなかった。「あの男は海軍将校あがりの軍国主義者で独裁者であり、当時の北大法文学部法律学科の惨状の元凶は尾形にある、なぜお前はあの男のいるところへわざわざ行くのか」というのが、その一例であった。楽天主義者の私も、北大に行くことについて後悔しないでもなかった。そこで、赴任してしばらくたってから、尾形さんの弟子の富田容甫君におそるおそる尾形さんの人柄についての評価を聞いてみた。その内容は忘れてしまったが、大変ポジティヴなものであった。富田君は最初に会ったときから信頼できる人だったので、意外な感がしたが、その後、富田評価が正しかったことを会得するのに時間はかからなかった。

それにしても、世の中には無責任な評価をする人がいるものである（尾形批判の元凶と目された人は、国際情勢の変化についての見通しも誤ったので、その程度の学者だったのかもしれない）。ちなみに、北大創設時のスタッフで、私の赴任当時残っていたのは、尾形さんのほか、宮崎孝治郎先生と小山昇さんだけだったが、東京では宮崎先生の評判も良くなく（これは変人という評判だった）、小山さんだけが評判が良かった（小山さんは評判どおりの人だが、宮崎先生も学者らしい人柄で、私は大いに啓発された）。

北大の管理運営面での尾形さんについては、私より他の人が語るべきであろう。ここでは、いまや北大を代表する研究機関となったスラブ研究センター（スラ研）の生みの親としての側面の紹介にとどめたい。といっても詳しいことは忘れたが、ある朝、尾形さんの一家が居住していた職員集会所へ行ったら、尾形さんが眠そうな目をして現れ、昨夜は木村さん（ロシア文学の教授）と徹夜でロックフェラー財団へ出す書類作りをしたとのことであった。これが機縁となって、北大スラブ研究施設ができたのだが、尾形さんはわが国にもアメリカにならった地域研究が必要であることを早くから見抜き、スラ研にそれを期待したのであった。さてスラ研が正式の学内研究施設として認められるには、所属学部を決めなければならない。それまでの経緯からいえば当然文学部に付置されるべきであったが、どういうわけか難しいというので、法学部が引き受けることになった。法学部でも反対があったので、尾形さんの政治力なくしては、今日のスラ研は存在しなかったと思われる。

私にとって忘れられないのは、尾形さんの研究会での活躍であった。当時は北大では毎週のように法学会が開かれ、政治学専攻者を含めて全員が参加して議論した。なかでも尾形さんは法学が分かる唯一の政治学者であった。尾形さんは戦前のドイツ型国家学も戦後のアメリカ型政治学もどちらも理解できた。私の報告に対しても、内容を理解した上で、いつも鋭い批判をしてくれた。昭和三十年代の前半、法学の教科書の執筆のために毎週法学会で議論したのは、とくに懐かしく思い出される。それは、法学と政治学の最新の成果を一冊の法学教科書にまとめようとする、今から思えば無謀な試みであったが、それは北大法学部の青春時代を象徴するイベントであった。

その尾形さんが家庭の事情で東京へ帰るといいだしたのも、その頃であった。これはさすがにショックであった。しかし、尾形さんの意志は堅く、希望にそわざるをえなかった。それまで尾形さんの果たした役割があまりにも大きかったため、北大法学部が将来どうなるか案じられた。しかし幸いみんなで力をあわせてこの危機を乗り越え、今日に至ることができた。私自身を顧みても、もし尾形さんが北大にずっといたなら、なんでも頼ってしまったであろうと思うと、尾形さんはあえてわれわれの自律心を高めるために北大を去ったのかもしれない。その後も、北大法学部では優れた同僚が数多く転出したが、尾形ショックを切り抜けた私にとっては、もうそれは日常的なことであった。他の大学・学部によく見られる転出をめぐるトラブルと無縁になれたのも、尾形さんのおかげというべきかもしれない。ただもし尾形さんが北大にもっといたなら、堀内学長のブレーンになったと思われるので、北大紛争の処理もだいぶ違ったものではないかと想像される。尾形さんは、北大にとり、忘れられない存在である。

回想の今村成和先生

（二〇一三年九月二八日講演
今村成和先生生誕一〇〇年記念の集い）

今村成和先生（本稿では、今村成和先生については、今村先生、または先生と表示し、他の人物については原則として敬称を省略する）は、いまより一〇〇年前の一九一三年七月二〇日、当時日本の植民地であった朝鮮の京城（現在のソウル）で生まれた。父は朝鮮総督府の若い官僚・今村武志（後の樺太庁長官）、母は民芸で知られる柳宗悦の実妹、千枝子である。宗悦と千枝子の父は、二人の幼少時に亡くなり、その後は母により育てられたが、この母の弟が講道館の設立者・嘉納治五郎である。今村先生は武志と千枝子の長男として生まれた。まさに人もうらやむ恵まれた家系の出である。先生の明晰な頭脳、強靱な体力、卓越した行政能力、芸術への愛好、それらは両親からの贈り物であるといえる。中見真理の近著『柳宗悦』（岩波新書、二〇一三年）によると、宗悦が朝鮮文化に関心を持つようになったのは、姉妹が結婚して、朝鮮に住むようになった故とされる（七四頁）。おそらく宗悦は、先生の幼いころ、朝鮮を訪問するたびに、妹のところに立ち寄り、先生を抱いて可愛がったものと想像される。しかし、この至福の期間は長く続かず、実母は先生が八歳のころ産褥熱で亡くなり、先生は継母により育てられることになった。小学生の上級生のころ、東京を訪ねて書いた旅行記が今も残っているが、小学生とは思えぬ詳細なもので、その文才はすでに明らかであった。

京城には京城中学を卒業するまで過ごし、一浪の末、一九三一年、仙台の二高に合格した。仙台は今村家にとって父祖の地である。三四年に東京大学法学部に進んだ。同期には、丸山真男や辻清明がいた。

今村先生は、学生時代から学問に興味を抱き、大学二年の時に「大井憲太郎の研究」という長文のレポートを書いている。このレポートは、先生の次女・欣子さんの手により、最近活字化された。それを読むと、今日から見て評価のわかれる自由民権論者・大井について、小ブルジョアの代弁者として一貫している点を評価している。背後にマルクス主義的階級史観がうかがわれるが、学生の書いたものとは思われない力作である。しかし、先生は学者になる道を選ばず、一九三七年、卒業と同時に三菱商事に入社した。先生が学者の道をあきらめたのは、同期に丸山・辻という大物がいたためともいわれる。当時の東大では、学者になるには助手に採用されるほかなく、そのポストは年に二、三人と限られていた。私の卒業時には、学者になるための定員一二名の特別研究生の制度があり、その後は大学院制度が充実したので、先生がもう少し遅く生まれたら、最初から学者になったであろう。ただその場合は、先生は、北大に法学部ができたころには、東大助教授でないにしても、他の有名大学の助教授になっていたと思われるので、北大との縁はなかったであろう。北大から見ると、何が幸いするかわからないというべきである。

先生が三菱商事（総務部文書課法規掛）に入社したころは、わが国では統制経済が始まり、多くの経済関係の法律が作られ、学者や実務家の間で研究会が組織された。先生もその種の研究会に加わり、多分そこで田中二郎（東大の行政法教授・後の最高裁判所裁判官）と知り合ったと思われる。このように三菱商事時代でも、先生は法律の第一線の仕事をしており、そのままでいったら戦後は企業法務の第一人者となったであろう。しかし、奥様の話では、今村先生はサラリーマンには向かず、中学校でもよいから先生になりたいといっておられたとのことである。さて、終戦による財閥解体を機に、一九四七年に先生は三菱商事を退職し、当時できたばかりの公正取引委員会（公取）に勤務し、翌年には事業者団体課長になった。ここでも、そのままで推移すれば、後に、先生は公取の事務総長になったであろう（このポストには、後に先生の教え子の糸田省吾・山田昭雄両君が相次いで就任している）。先生が北大教授になってからも経済法学者として第一人者であり続けたのは、この時の経験が大きいことというまでもない。

今村先生が北大法学部のスタッフに加わったいきさつは、同時に北大法学部の歴史でもある。この学部は、一九四七年に設立された北大法文学部の政治・法律学科に始まる。設立当初は全国から優れた政治・法律学者を集めていたのだが、一・二年にしてその多くが去り（三人だけになった）、この学科は存続の危機に直面した。この窮状を打開するため、東大法学部が全面的にバックアップをすることになり、菊井維大、鈴木竹雄、田中二郎三教授が兼任教授として乗り込んできた。かれらの任務の一つは人事の充実であり、田中にとっては、公法関係の人事である。ことのき、田中に閃いたのは、今村先生を役人から行政法学者に転向させることであった。中学校でもよいという今村先生にとって、大学教授なら場所はどこでもよいという心境であったであろう。ましてや関係の深い田中の推薦である。かくして先生は、一九五〇年三月三一日づけで北大法文学部の講師となり、二年間東大で内地留学をすることとなった。なお翌日に、私はできたばかりの北大法経学部の助教授となった（つまり二年間ほどは私は先生の上司であった）。

私が今村先生と初めて会ったのは、五〇年の秋、東京で開かれた北大法科関係者の会合であった。当時はこのメンバーは一〇人ほどであり、その多くが東京に在住していたので、二、三人上京してくれば、このような会合を東京で開くことが可能であった。しかしこの時、私は今村先生と何を話したか覚えていない（いまでも鮮明に覚えているのは、小山の発言であり、それは当時入院・手術を受けた宮崎孝治郎は、主治医によれば末期の胃がんで、五年生存率五〇％以下という衝撃的なものであった。なお、この医師の見立てははずれ、宮崎は定年を全うされた）。つぎが、翌五一年の正月、田中二郎家で開かれた新年会の席である。この時は今村先生夫妻と、私と私の婚約者との最初の出会いであった。大変感じの良いご夫妻だというのが当時の印象だが、このときも何を話したか覚えがない。私どもは一足先に同年五月に北大に赴任し、今村先生は翌年教授に昇進した後、四月に夫妻で札幌に赴任してきた。

私のほうが札幌での先輩なので、まず先生夫妻を拙宅に招待した。すばらしいご夫妻で、このような人と将来長くお付き合いできるのはなんという幸せか、というのがその日の私の日記である。まもなく先方からのお返しがあった。札幌で先生御夫妻に与えられた住宅は、東京で立派な邸宅に住んでおられた先生にとって、粗末なものであったが、心温まる接待をしてくれた。この時アルバムを拝見した。毎年の結婚記念日に二人で撮った写真が貼られていたが、ある年からそれが無くなった。いつまでも子供ができないというのがその理由であった。この会合でまず成立したのは、今村夫人と私の家内との親密な関係である。二人とも東京の裕福な家庭に育ち、一流の女学校の出身で、共通点が多い（もっとも今村夫人のほうが、よりセレブではある）ので、それは当然であろう。札幌ではこのような場合、妻は一致して、一日も早く東京に戻りたいと亭主を説得するのが習わしだった。しかし二人の場合、けっして北海道の生活に満足したわけではなかったが、そうはならなかった。そのうちに、両家に待望の子供が生まれた（一九五三年）。また、その頃（一九五七年）、先生は北二四条に家屋を新築され、これが終の住処となった（もっとも、先生はこの家屋を「小屋」と言っておられた。東京での邸宅と比較の上である）。私どもも五〇年代の終わりに、北二四条の公務員アパートに移り住んだので、両家の親密な関係は度を強めた。

今村先生が赴任された当時の北大法学部は、尾形典男・小山昇という二人の若い巨頭が支配していた。その尾形が、私が留学から戻って（一九五六年）間もないころ、家庭の事情で北大をやめると言い出した。せっかく再建が軌道に乗ってきた頃だったので、これで北大法学部はもとの暗黒時代に戻るのかと、がっくりした。しかし、今村先生がその穴を見事に埋めてくれ、北大法学部は、以後、今村・小山時代に推移した。先生の研究業績については、私に語る資格がないが、私として特に印象に残るのは『国家補償法』（一九五七年）である。これは法律学全集の一巻として書かれたものだが、門外漢が読んでも興味深いもので、先生の出世作といってもよいだろう。おそらくこれで先生の行政法学者としての地位は確立したといえる。また、一九六六年に初版が出た『行政法入門』も私の座右の書である（この著書が今日まで続いていることに対し、畠山武道君に感謝したい）。

先生は、専門分野における多くの業績をあげたほか、五六年に日本学術会議の会員に選出され、以後、長期間にわたり学術会議で活躍された。はじめは北海道地方区から選出されたが、先生のように全国的な知名度の高い学者について、地方区はもったいないということで、一九六八年より全国区に回ってもらい、代わりに私が地方区選出の会員となった。そのため先生の学術会議での活躍を身近に知ることができたが、先生は、文字通り学術会議の顔のひとりとして活躍されていた。後日、先生が北大学長になった時、この時の経験が大いに役立ったと思われる。

学部内では、一九五九年に学部長になった。四五歳であったが、順番である。この学部長職は順調ということができない。若手のスタッフとの人間関係がうまくいかず、ついに「学部長を辞任する」という事態になった。これも北大法学部の危機のひとつに数えられる。幸い、山畠正男の説得に応じてくれ、辞任は撤回された。もしこの説得が功を奏しなかったならば、先生は学部長だけでなく、北大も去られたであろう（当時、引く手あまたであった）。そして私も、今村先生のいない北大に魅力を感じなくなったかもしれない。辞表撤回後の学部運営はスムーズにいった。後の名学長ぶりを見ると、学長として申し分のなかった人が、どうして学部長としてつまずいたのか不思議で、後世の判断に待ちたいが、私としては、少人数の学部の部長はメンバーの全員とコミュニケイションをとらなければならないが、学長の場合は、大所高所から大学の行方を見ればよいという点に違いがあるように思われる。

先生は、学部長の任期満了の後も、北大の図書館長になるなど北大の中での影響力を失わなかったが、七五年の学長選挙のさいに、教職員組合の推薦をうけて、一躍有力候補になった。私としては、先生の定年までもう二年あり、学長就任の最初の仕事が、先生の必ずしも得意と思われない北大創基一〇〇年記念事業であるので、それは現職の丹羽学長にやってもらい、二年後を期したほうがよいと考えたのだが、二年後の状況がどうなるかは予測できないといわれ、消極的ながら選挙運動に参加した。結果はご承知の通りだが、学長室に赤旗がたなびくのではないかという馬鹿げた心配を尻目に、先生は学長職を公正にこなし、とくに一〇〇年祭を質素のうちにも厳粛に行い、期待に応えた。百年記念会館のそばに先生によって植樹されたハルニレの木は、いまやすくすくと成長している。また、学長就任当初、先生は「北大を愛さない学長」といわれた。これ自体根拠のないものだが、先生は北大の歴史について猛烈な勉強を始めた。その成果は、毎年の入学式や卒業式の告示などになって表れている。それはつねに北大の歴史の中から選ばれた事実や言葉からなっている（今村成和『北大百年前後』所収の随想を参照）。先生は「北大の歴史と自然を最も愛した学長」となった。一〇〇年祭につづいて、先生は懸案の教養部改革などに取り組み、再選に際しては圧倒的な強さで勝利を収めた。

学長職をぶじに果たされた先生は、中央に進出することなく、北海学園大学の教授として研究・教育の道を進められた。そこで待っていたのは、栄光の日々である。まず八五年に先生は勲一等の叙勲を受けた。先生のような憲法学者にとっては、叙勲を受けることは必ずしも容易なことではない。しかしこの点では先生は、叙勲は今村個人に対するものではなく、北大を代表するものと割り切り、あえて辞退しなかった。つぎが、八〇歳になってからの学士院の会員である。遅きに失したとはいえ、この地位はこれまで東大や京大など一部の大学にほぼ限られていた。北大にとり大変名誉なことあり、後進を勇気づけるものである。しかし、私どもの主催したそのお祝いの会が、おそらく先生の同僚や教え子との最後の会合となった。

先生は研究者としては、行政法のほか、経済法と憲法の面でも超一流の学者であったことは、本日の三人の弟子たちの報告をまつまでもなく、周知の事実である。しかし講義の面では疑問が残る。先生のように広く深い学識を有し、問題感覚の鋭い人の講義が面白くないはずはないのだが、伝え聞くところでは、先生の講義は評判の良いものではなかった。天は二物を与えなかったようである。その代わりに、若手の研究者養成については卓越したものがあった。北大が経済法と行政法の面で高い評価を維持できたのは、先生の指導のおかげである。

先生の人柄については、一言でいえば、大変魅力に満ちたひとだったといえる。しかし、だれとも気軽に付き合うというタイプではない。そのかわり、いったん親しくなると、その関係はいつまでも続いた。法学と関係のない人たちについても、そうである。主治医の長瀬清のほか、洋服屋やワープロ業者などもこれに含まれる（私も、先生の紹介で、これらの人と長く付き合った）。欠点のない人はいないという立場からいえば、先生の最大の欠点は、頭がよすぎる点に求められよう。他人に対する評価の決定が早すぎるのである。北大出身者には、はじめは目立たなくとも、時間をかければ優れた仕事をする例が多い。この点では、先生は私にとって反面教師であった。

先生は、学問のほか、趣味の点でも一流であった。とくに版画に秀で、毎年送られてくる版画の年賀状はいつも楽しみだった。どうすればあんなに単純な中に芸術性が見られるのか不思議だった。つぎが写真術。北大に咲く草花のシリーズの絵ハガキは、私も長年愛好した。どこにその淵源があったのであろうか（これらの版画や写真の多くは、前掲の『北大百年前後』に収録されている）。さらに先生は、いつまでも好奇心旺盛で、新しいもの好きであった。いち早く車の運転を覚え、その購入も一番早いほうであった。ワープロもいち早く取り入れた。まだ元気で生きていたら、スマートフォンに飛びついたかもしれない。考えてみると、私と先生の間には、ほとんど接点がない。研究は公法と私法とに分かれ、とくに公法研究会と民事法研究会が分かれるに及んで、一緒に研究会で議論することも少なくなった。先生はスポーツを一切やらず、室内遊戯では碁をたしなまれたようだが、これは私はだめ。酒も楽しまれたが、これも私はだめ、というわけで接点がなかったのだが、二人の間で交流が続いたのは、家族同士のつきあいによる。それは最後まで続き、晩年には、毎年六月に家内と今村家を訪問し、広い庭にぎっしり植えられた草花を鑑賞するのが年中行事となった。一九九六年の六月もそうであった。その日も先生は私ども夫婦を庭に招き、いろいろ説明された。その数日後、先生は脳梗塞に襲われた。あわてて病院に駆け付けたが、すでに先生の意識はなかった。徹夜で学士院の会報にのせる原稿を書いていたとのことである。その後四か月にわたる奥様の懸命の介護もむなしく、先生は同年一〇月一三日に帰らぬ人となった。享年八三歳であった。まさに巨星がその輝きを失わずに地に堕ちたのである。葬儀は無宗教で厳粛に行われた。

その後のご遺族について、一言したい。奥様は、次女の欣子さん（東北大学法学部出身で、道庁に勤務）と一緒に静かに生活を続けられた。長女の朗子さん（北大文学部出身）は、同じく北大文学部出身で北海道新聞社につとめる工藤哲靖氏と結婚され、二人のあいだに靖樹君が生まれた。今村先生が八〇歳になったころである。その靖樹君はいま北大法学部の二年生であり、先生と北大法学部との縁は今日まで続いている。朗子さんも近所に住み、奥様の介護にあたっていた。そのうちに奥様は次第に寝たきりになり、二〇〇九年四月二八日に逝去された。享年八九歳であった。葬儀は家族葬の形で行われ、法学部関係では私ども夫婦と宮本昌子さんが出席した。

六　研　究

事情変更の原則

――それでは、先生のご研究の中身についてお話しいただきたいのですが、遺留分の研究についてはお話しいただいたので、事情変更についてお願いします。

五十嵐　事情変更の原則は、もうどこかに書いていますけれども、あれは、昭和二九年一月二八日最高裁の、事情変更の原則に関する何番目かの判例で、貸主が住宅を貸したところ、自分の住んでいる家が空襲で焼けたので、事情が変わったから借家人を追い出したいという、そのような賃貸借のケースです。民商法雑誌から頼まれました。民商法雑誌との関係が生じたのは鈴木禄弥のおかげです。北大に行ってからは、どこからも執筆の依頼なんか来ませんしね。唯一民商法雑誌は、禄弥さんが谷口知平先生に頼まれて、編集の手伝いをやっていたのです。それで、判例研究をいろいろ引き受けてくれということで、何年か前からやっていたのです。事情変更の原則についての判例批評の依頼がちょうど年末の頃にきて、執筆までにひと月かふた月余裕があり、丸々空いている時間があったのです、事情変更の原則については、勝本正晃さんの大研究『民法に於ける事情変更の原則』があるけれども、その後のことがどうなったについては、戦争ということもあって、比較法的な情報が入っていない。それで、新しい情報を

勝本正晃（1895～1993）民法、著作権法、東北大学名誉教授、弁護士。

入れたら、今までにない判例批評を書けるのではないかと思って、ドイツやフランスやイギリスを最小限度やって、それで書いたというのがそもそもの始まりです〔民商法雑誌三〇巻六号〔一九五五年〕掲載〕。

その後すぐドイツに留学することになるのです。ドイツに行ったら行為基礎論が重要な役割を既に果たしていたので、特にドイツで勉強したということもないのですが、帰国後の私法学会で、報告をしろと頼まれまして、行為基礎論を中心にしようとし、ラーレンツの『行為基礎と契約の履行』の第二版が出たところで、日本に帰ってから手に入れたと思うのですが、それを読んで、それを中心として、私法の一般理論としての行為基礎論という、事情変更の原則に代わるものとして、ドイツの行為基礎論を日本の解釈論に取り入れるべきではないかという立場での報告をしたのです。これまた今日からみると、行為基礎論というのは、ドイツ特有の理論であって、比較法的に一般化できない、比較法的に役に立つのはその中の事情変更の原則に関するところだけだと、そういう考え方をとって、それが日本の通説になっていると思うのです。そこら辺がまだ踏ん切りがつかない段階で報告をしたのです。それでそれを「私法」に載せるほかに、北大法学論集にもう少し研究をして載せましょうということで、まず、イギリスのフラストレーションを書いて、それからフランスを書きました。フラストレーションは他にも大勢書いていますから、特に私の方はどうっていうことはないので、最初からそういうものとして書いたのです。それにしても手抜きをしたことが後からわかって、恥をかいて……それもどこかに書いていますが〔拙著『比較法ハンドブック〔第二版〕』一七五頁注五一〕、イギリスの判例の事実関係が全然でたらめです。これはイギリスの権威ある教科書の類によって書かれたのですが、いかにそういうものが信用できないかということがよくわかりました。フランスについては、日本にほとんど業績がなくて、これは自分でフランス語を読んで、書いて、結局こんにちに至るまであれがまとまったほとんど唯一の文献かと思います。ただ最近、森田修さん（東京大学）とか、石川博康君（東京大学）も扱っています。フランスでは従来の消極的な判例と違う再交渉義務を認めるという新しい判例が出ていますし、最近債権法改正のいくつかある草案の中で、それぞれ事情変更をいろんな形で認めようという状況になっています。その新しい状況に即して再検討が必要だと思いますが、私にはとてもできません。誰かあれを本格的にやったら面白いテーマになると思うのです。

しかし、イギリスやフランスは枕のようなもので、中心はドイツの行為基礎論で、特にラーレンツを中心に、書いたのですが、その後はそのままになっていたところに三ケ月さんから手紙が来て、菊井維大先生の古稀祝賀論文集『裁判と法 上下』（一九六七年）を出すから、おまえ、何か書けと。民事訴訟法の論文などとても書けませんといったのですが。机の引き出しに何か原稿があるだろうといわれ、あるかなと思って調べてみたら、確かに一つあったのです。それで、その「ドイツにおける行為基礎論の諸相」という論文を菊井先生の論文集には載せた。ちょうどその前後に東大から山田晟先生を通じて、旧制の博士論文の制度が終わるので、東大の場合は博士でない人が大部分だったものですから、ともかく今まであるもので、博士をとろうと。それから、全国にちらばっている弟子たちにも、指令して、どんなものでもいいから博士論文を、出すようにしようということで。そこで山田先生から、おまえなにか出せと。元々、遺留分の論文を書いた時に、山田先生が、将来これを続けて、一冊の本になるようにしろと言われたのですが、結局今から見ると守ればよかったと思いますが。それを守らなかったものですから、遺留分はダメと。手元にあるのでなんとか格好がつくのは、事情変更の原則しかないということで、それらを全部まとめて出した。山田先生が主査。それと川島先生と池原季雄先生が、審査員でした。川島先生に見てもらえるのは申し訳ないという気持ちでしたが、先生に言わせれば「勉強になったよ」とのことですが、本当に両先生には申し訳ない思いをしました。それからこれは大いに強調したいことですが、東大では博士になる時に、先生方に一切お礼をしてはいけないと、厳重に申し伝えられておりますので、もちろんそれも実行しました。北大でも、私自身はそういう方針を貫いております。よその大学学部では、いろいろな話があるようです。有名なのは医学部ですが、医学部とか獣医学部とかでは四〇万円のお金がないから当分博士号は取れないというようなことを聞いたことがあります。

――中世だとそうですね。コロンヤもそうでしたね（笑）。

五十嵐　そういう習慣、慣習がね（笑）。

――金がないから博士になれないというのはずっとありましたよね。

五十嵐　そういうことで、半ば強制的に書かせられたものですから、もちろん非常に不十分で、『契約と事情変更』だけは、本当は新版を出してから死にたいと思っているのですが、今の残った時間を考えると、無理かなと思います。せめて論文集という気持ちでいます。

――最近もだれか書いておられるのではないでしょうか

五十嵐　書いていますね。まあ、いろいろいますよ。名古屋の吉政知広さんのもの（『事情変更法理と契約規範』有斐閣、二〇一四年）が代表的です。

五十嵐　中村肇さん（明治大学）もよく書いています。一握りいるっていってもいいかな。

――そういう経緯。全然知らなかったですね。

五十嵐　ああ、そうですか。民商法雑誌からの依頼ですべてが始まりました。そういうこともあるのですね。だから、判例批評は結構大事にしなければいけないですね。

人格権論

――次に、人格権の研究についてお聞かせ下さい。

五十嵐　人格権については、どこかにこれも書いていますが（『人格権論』はしがき）、人格に対して関心を持ったのは高校時代で、とりわけ、阿部次郎の人格主義に非常に共感を覚えたことが始まりです。ドイツに留学した時に、ちょうど西ドイツでは一般的人格権が、最高裁判所によって認められるという時期ですし、それから、たまたまスイスの弁護士さんがスイス法の講義をやっていたので、それも聴いたのですが、これは聴講生二、三人という惨憺たる講義なのですが。そこでも一時間かけて人格権の話をしていましたし、人格権が非常に重要なテーマであるということを感じて帰国して、なんらかの形でと思っていました。それで、自分がやるより弟子たちにやらした方が早道だということで、JR東日本の社長をやりました松田昌士

松田昌士（1936～　）東日本旅客鉄道（JR東日本）社長、会長を歴任。日本国有鉄道（国鉄）の分割民営化に尽力。

柏木邦良（1936〜　）民事訴訟法、小山昇先生に師事、判事補を経て弁護士。

君が、修士論文を書くということになって、彼は多少ドイツ語ができるから、人格権について書いたらどうかということで彼に書かせました。松田君自身が二〇〇八年に、日本経済新聞の『私の履歴書』という連載で、そこら辺の事も書いているのですが、私は研究者としての松田君をそれほど評価しておらず、本人が大学院に残りたいと言うから、それならしょうがない、という気持ちでした。それはともかくとして、松田君の論文に手を入れて北大の雑誌（北大法学）に載せた。かなり大幅に手を入れまして、普通の先生ならその先生の名前で発表するかなという程度に書き直していましたが、一応彼の名前を残した。彼自身も日経に書いていますが、自分の同期で、柏木というのにはどうしても適わないと思っていたようです。柏木は、札幌の有名な弁護士の息子で、小山先生の弟子だったのですが、最後には渉外弁護士になって活躍していました。確かに、松田君より柏木君の方が研究者としての能力は遥かに上。結局国鉄に進んでよかったと思います。

―― 確か二回は出てきますよね。松田さんの日経の連載に。

五十嵐　そうですよね。僕はふだんは日経は見ていないのです。私の親類で、二人ほど記事を早速見つけて、コピーして送ってくれ、それで拝見しました。一人は私のいとこで、女の方ですが、東京近辺で司法書士をやっているというのがいまして、昔ですから高等女学校を出ただけで、司法書士になって。なった後にむしろ勉強して、東洋大学の通信教育で単位を取って、その後中央大学の大学院に進みましてね、今すごく有名な商法の先生の野村さん（中央大学）のところで勉強して、修士学位をとった人ですが、その人からコピーが送られてきたのですが。

ともかくそういう形で、私も人格権の方に入ることになって、学会で報告したり、いろいろ論文を書いたりしたのです。本当は「人格権の法的構成」という論文を民商法雑誌に書く予定だったのですが、これが書けないでしまいまして、その代わりに、『人格権論』（一九八九年）とか、或いは『人格権法概説』（二〇〇三年）を書いたというのが心残りなのです。要するに、なんとかの法的構成というのは私の最も苦手とするところで、書けなかったのも当然かと思っております。具体的には名誉毀損とか、プライバシーの侵害について、いろいろ論文や批評を書いて今日に至っています。ドイツの人格権に関しても、文献だけはたくさん集めましたが、あまり多すぎて、かえって読まないという状況です。

事情変更の原則と、人格権が、私の二大テーマです。北大を定年で辞めた後は、民法関係はこの二つだけに絞り、それ以外は比較法に専念するつもりでおります。

―― 人格権に関しては、いろいろ事件にも関わっておられますね。

五十嵐　そうですね。そういう具体的な事件にもいろいろ関わって、意見書なるものをいくつか書いたこともありますし、一時よく新聞社やテレビから電話がかかってきた、ということもあったのです。そういうことで、より忙しかったと言うことがありました。

『人格権論』と『契約と事情変更』の二つの著書は、加藤雅信さんが編集した、『民法学説一〇〇年史』に取り上げられて、大変光栄に思っているのです。

五十嵐　正直なところ、事情変更の原則は勝本正晃先生のがやはり最も重要なので、私のはそれにつぐものという程度です。担当者も基本的にはそういう考えで書いていると思うのです。

人格権法の方は、立命館の和田真一さんが、非常にいいものを書いてくれて恐縮しております。民法ではその二つが私の大きな仕事です。

——『人格権法概説』も書かれていますね。

五十嵐　『人格権法概説』あれは、概説ですが、あの本のできた頃の日本の人格権法はどうなっているか、のちになって、五〇年後一〇〇年後に、当時の日本の人格権法はどうかというのを調べるには、あれを読めばわかるという、そういうものとして書いたのです。時々読み直してみると、我ながらよく書いているなと（一同笑）思いました。一つ一つの問題についてね。

山田　いや、私の見解に対する批判も書いてある。

五十嵐　ああ？ そうですか？（一同笑）それはどうもすみません。それは余計なことだった。あれと『比較法ハンドブック』とは、基本的には同じような、その時における状況がどうであったかは、これを見ればわかるという、そういうつもりで書いております。しかし、『人格権法概説』は、実務における評価がちょっと足りないなという印象を受けています。この本は学者の間には評判がよかったのですが、実務家にはいまひとつという感じがいたします。判例時報や判例タイムズの人格権に関する判例の解説を見ていると、『人格権法概説』が引用されるのはほとんどない。極端なのは昔『注釈民法』の一九巻（一九六五年）に書いてあるのを引用しているのがあって、確かに当時そのように書いたことは間違いないが、その後考えを変えているのはたくさんあるので、判例タイムズや、判例時報の編集部に文句を言ったことがあるのです。しかし文句を言ってもしょうがないし。

比較法への関心

山田　では、ご研究の中心である比較法について、それも発端あたりからお伺いしたいと思います。

五十嵐　比較法とはなんであるかということについては、留学前から関心がありまして、それでまずイギリスのガッタリッジの『比較法』(1946) があって、これは自分で手に入れて読みました。今、早稲田大学の人たちが翻訳を出していますが、一部ひどい訳があって、文句言ったことがあるのです。それからちょうど一九五〇年代に入って、ヨーロッパからも本が入るようになりまして、ガッタリッジの他に、スイスのシュニッツァーやフランスのアルマンジョンなどが書いた比較法の概説書があります。これはみんな、北大で買ってくれたものですから、そういうものを読もうと思っているところに、山本桂一さんから筆で書かれた手紙が舞い込みまして、あの人はそういうことをするのですね。今度の比較法学会で、ぜひ報告してくれという。これまでいろいろお世話になった山本先生ですから、断ることもできずに、それを引き受けて、それでさて何をやるかということになったのです。その時には残念ながらダヴィドの教科書は手元にありませんでした。

――『現代世界の大法系』ですか?

五十嵐　いいえ、『比較民法入門』です。一九五〇年の本です。日本では、石崎政一郎さんが、さすがにフランスと関係が深くて、いち早く読んで、比較法学会で紹介しているのです。

ガッタリッジ（Harold Cooke Gutteridge: 1876-1953）
商法、比較法学者。ジュネーヴ手形・小切手法統一会議（１９３０年）、ハーグ国際私法会議（１９３１年）イギリス政府代表。ケンブリッジ大学比較法講座初代教授。代表作『比較法』。

シュニッツァー（Adolf Friedrich Schnitzer: 1889-1989）
ドイツで学位取得後実務家として活動、１９３３年スイスに亡命。ジュネーヴを中心に教育・研究、国際機関・組織の顧問として活動。代表作、『比較法論』。

アルマンジョン（Pierre Arminjon: 1869-1960）
パリで学び、エジプトでの実務経験を経てカだけど、どういうわけか入手が遅れて、私が留学から帰ってからやっと、個人的に手に入れました。それ以外のものを読みまして、そしてテーマとしては、「比較法は独立の科学か、或いは、単なる方法か」という問題にして学会で報告をいたしました。そうしたら千葉正士さんから、なにかえらい難しい質問があって、全然答えられなかったと記憶しています。千葉さんは、それこそ私が最も尊敬する学者の一人なのですが、若い頃はあまり私自身は評価していなかったのです。私が評価するようになったのは、法人類学を始めてからなのです。ともかく私が最も尊敬する人なのですが、あの人の質問には全然答えられなくて、今でも答えられない質問だったのではないかと思います。それが非常に印象に残っております。その報告を当然『比較法研究』に載せなければならないので、その仕事をやっていたのですが、なかなか結論が出ない。結局締め切りまでに結論が出せなかった。つまり単なる方法か、独立の学問か、どっちかにしなければいけないわけですから。独立の学問にしたかったのですが、それを主張するに必要な克服しなければならない問題点がたくさんあったのですが、それができなくて、やむを得ず論説ではなく紹介という形にして、「三つの比較法」というタイトルで発表させていただきました。あれが論説でないというのは、私の一つの能力の問題かな、どちらかにきれいに割り切れる人もありますが、私はそうはいかず、基本的には独立の学問だとしたかったんですが、それをはっきり打ち出せなかったということになります。

―― そもそもなぜ比較法プロパーに関心を持たれたのでしょうか。

五十嵐　私がなぜ外国法ではなくて、比較法プロパーに関心を持ったかについては、やはり

イロ王立法学校教授、ジュネーブ大学教授。代表作、亡命ロシア人ノルデ、ドイツ人ヴォルフとの共著『比較法概論』。

ルネ・ダヴィド
(René David: 1906–1990)
二〇世紀フランスを代表する比較法学者。

ダヴィッド
(René David: 1906–1990)
二〇世紀フランスを代表する比較法学者。グルノーブル、パリ、エク・サン・プロヴァンス大学教授。主著『比較民法概論』、『現代の大法系』など多数。

石崎政一郎
(1895~1972) 労働法・フランス法、比較法、東北大学名誉教授、立教大学教授。

千葉正士
（1919～2009）法社会学・法人類学・スポーツ法学、東京都立大学名誉教授。

末延三次
（1899～1989）英米法、東京大学名誉教授。

杉山直治郎
（1878～1966）フランス法、東京大学名誉教授。

少なくとも高校時代から「比較」に関心を持ったことがあげられます。高校時代に、もし学者になるなら一番やりたかったのは比較言語学でした。つぎが歴史学でした。東大法学部では、比較法の講義はなく、それぞれの外国法の講義だけで、私は高校が文乙だったので、当然のように山田晟先生のドイツ法の講義に出ました。戦後間もないころは、ドイツ法の講義は学生にそれほど魅力が無く、もっぱら英米法の講義に学生が集まりました。私も末延三次先生の英米法二部の講義を聞いたことがあります。そこでは、契約法のケースブックを使ってケースメソッドで講義がなされ、大変面白いものでした。野田先生のフランス法の講義は聞きそこねましたが、先生の書かれたポルタリス『民法典序論』の解説を感銘深く読みました。特研生になってから、野田先生より直接教えを受けることができるのを楽しみにしていたのですが、当時先生は病気療養中でその機会が無く、残念でした。先生とはその後比較法学会を通じて親しく教えを受ける機会をもったほか、東大定年後に、北大大学院で「比較法文化論」の講義をされた折に、聴講できて幸いでした。日本における比較法プロパーの先生としては、なんといっても野田先生があげられます。これに対し、杉山直治郎先生の著書・論文は私にとって面白いものではなく、そこから比較法への関心を高めたということはありません。

さて特研生になった時は、一応ドイツ法が専攻科目でしたが、山田先生より、将来の就職のため民法もやれと言われ、自分としては比較家族法を専攻したいと思い、まずアテネフランセでフランス語を学びましたが、フランス語でフランス語を学ぶという方式は私にあわず、どうしようかと思っていました。しかし、秋学期にラテン語のクラスに出たところ、これが面白く、結局以後二年間週三回アテネフランセに通いました。特研生の前期終了のための論文を書かなければならなくなった時に、テーマとして「遺留分」を選び、ローマ法に始まり、ドイツ法のほか、フランス法も対象としたのは、その成果です（というよりは、ドイツ法よりも、むしろフランス法のほうに重点が置かれました。たぶん後期に残れなかったのは、そのせいと思われます）。

特研生の後期に残れたら、（ロシア語など）他の語学も勉強して、もっと本格的な比較法学者になれたのではないかと思っているのですが、そうならなかったため、急遽就職をしなければならなくなりました。当時就職先として話のあったのは北大だけでしたが、北大のほうで落第生でもよいならば、私としては異存はありませんでした。問題は所属講座でしたが、北大には民法のほか、比較法の講座もあり、どちらでもよいが、ただ当分の間、民法の講義をしてくれ、というのが北大側の要請でした。私は迷うことなく比較法を選びました。かくして、たぶん日本で初めての比較法講座担任の助教授が誕生しました（もっとも聞くところでは、北大は初めから比較法の講座を考えていたのではなく、数個の外国法の講座を考えていたようですが、数が一つに限られたため、やむなく比較法にしたとのことです。他の大学では、「外国法」にしたところが多いようです）。

北大に赴任してからは、当初は約束通り民法の講義に専念しましたが、一通り済んだ後に、ヨーロッパから新刊書として当時出版されたばかりの比較法の体系書（Schnitzer, Vergleichende Rechtslehre, 1945; Gutteridge, Comparative Law, 2nd ed., 1949; Arminjon et al., Traité de droit comparé）が入ってきたので、それらを読み（なお David, Traité élémentaire de droit civil compare, 1950 は当時入手できませんでした）、比較法の理論に関心をもつようになったところに、比較法学会から報告の依頼が来たので、さっそく引き受け、一九五三年四月の学会で、「比較法は単なる方法か？」という当時世界の比較法学界で激しく議論されていたテーマで報告をしたのが、私の比較法事始めです。ただ、その報告を活字にする段階で、思うようにまとまらず、やむなく「三つの比較法」と題して、上の三著の紹介をすることですませました。そこでは、Gutteridge を除き、法系論が中心で、以後、法系論に関心をもつようになりました。

つぎがドイツ留学です。

――「比較への関心」に続く理由が、ドイツ留学とのことですが、その前に、比較法プロパーに関心を持たれていた中で、なぜ留学先はドイツだったのでしょうか。

五十嵐　この点では、議論の余地もなく、ドイツということになりました。私は、学界ではドイツ法専攻者とされていましたし、ドイツは戦後初期からDAADを通じて広く留学生を受け入れていました。日本の法学者では、鈴木禄弥先輩がその第一号です。私はまず一九五四年に志願しましたが、あえなく落第し、翌年ようやくとっていただきました。その頃の私にとって、アメリカは全然留学先として考えられなかったのですが、フランスについてはその文化に憧れていたので、今のようにかなり自由に留学先を選ぶことができたなら、ドイツとフランスに一年ずつ留学したかったというのが、本音です。

――では留学と比較法との関わりについてお願いします。

五十嵐　問題は、ドイツのどの大学で、だれに学ぶかでした。比較法プロパーということでは、私はすでにツヴァイゲルトの論文（「普遍的解釈方法としての比較法」RabelsZ 15 (1949), 5）を読んで、彼こそ将来のドイツ比較法学の指導者になると思っていました。そこで、できればチュービンゲンに留学したいということで、まだドイツ留学中の鈴木先輩に連絡したところ、マックス・プランク研究所はハンブルクに移ることになっており、チュービンゲンへ行っても無駄だといわれ、予定を変更して、家族法の大家であるグスターフ・ベーマーのいるフライブルクへ行くことにしました。ドイツに着いて間もないころ、たまたまチュービンゲンへ行き、大学の講義プログラムを見たところ、まだ比較法研究所はそこにとどまり、しかもツヴァイゲルトが「比較法入門」の講義をするとあり、がっくりしました。もし、チュービンゲンに留学し、そこでツヴァイゲルトに接する機会があったら、私の学者人生も少し変わったかもしれません。もっともフライブルクにもケメラーがいたのですが、「比較法入門」のような講義はなく、外国法の講義も少なく（スイスの弁護士によるスイス法の講義がありましたが、興味深いものではなく、前述の通り学生も数人という状態でした）、私はもっぱら民法や法史を中心としてドイツ法を学びました。

　帰国後も、北大での私の講義の中心はいぜんとして民法に置かれましたが、研究面では、事情変更の原則、人格権、瑕疵担保、夫婦財産制などについて広く比較法的に研究することができました。そのなかで比較法原論に関するテーマについてもしだいに関心が高まり、一九六五年に「法系論序説」（北法一六巻二・三号）を書いて、ふたたびこの分野に参入しました。そのさしあたりの成果が一九六八年に出版された『比較法入門』（日本評論社）です。

ツヴァイゲルト（Konrad Zweigert: 1911-1996）民法、比較法学者、連邦憲法裁判所判事（一九五一-五六）。チュービンゲン大学、ハンブルク大学教授。その後マックス・プランク外国私法・国際司法研究所所長。弟子ケッツとの共著『比較法概論』は比較法のスタンダード・ワーク。

ベーマー（Gustav Boehmer: 1881-1969）民法学者。ハレ、フランクフルト(M)、フライブルク大学教授。ドイツ法アカデミー夫婦財産制委員会議長、相続法委員会委員。戦後も活躍し、法定相続、非嫡出子法の業績で評価。

その後も、他の仕事に追われ、比較法プロパーに専念することができなかったのですが、興味自体は現在も持っており、それが最近の『比較法ハンドブック』（勁草書房、二〇一〇年）になりました。

以上、なぜ比較法学プロパーに関心を持ったかという質問に十分にこたえていないようですが、あしからずご了承ください。比較法学プロパーのどこが面白いかと問われても、答えに窮するのですが、私の場合は、法系論に関心を持ったことがあげられます。今日の比較法学者のあいだでは、法系論に対する批判が強いのですが（『比較法ハンドブック〔第二版〕』二九〇頁以下参照）、若いころの私にとっては、世界中の法を一定の理論で整序することが最大の目標でした。もっとこの方面にそそぐ余力があったら、イスラーム法やヒンドゥー法も勉強するつもりでしたが、それがならず残念です。

——ヨーロッパで比較法学者と接して、比較法学というのはヨーロッパ人の学問だという印象を受けたことがあります。先生は、日本人の比較法学の存在理由をどのように感じておられますか？

五十嵐　これも難しい問題です。外国法学も比較法学に入ることを前提とすれば、もともと日本の法学は比較法学が中心であったといえるので、その後の日本でも比較法学が盛んだったのは当然ですが、今日はそのような状況ではありません。そこで、今日のわれわれにとってなんのために比較法をやるのかは、たしかに問題です。もちろん今日では国際化の進展のため、どの国でも比較法の役立つ面があることはいうまでもありません。しかしそれを超えて、比較

ケメラー（Ernst von Caemmerer: 1908-1985）、民法、比較法学者。ラーベルの弟子。フライブルク大学教授。債務法、特に不当利得法、不法行為法の研究は有名。立法活動にも関与。一九六四年ハーグ会議（国際売買法）代表。

法プロパーの領域まで進出する必要があるかと問われれば、たしかに疑問の余地があります。第一に、私を含め、西欧諸国の比較法学者に伍して、そんなことがやれるかが問題です。私のもっとも尊敬する比較法学者として、ダヴィドやツヴァイゲルトのほか、ラインシュタインがいます。彼は一九六〇年代の中ごろに北大に来ました。当時の北大では、若手の研究者がドイツ、フランス、アメリカの留学から帰ったばかりで、彼らは、それぞれの外国語で盛んに質問をしました。ラインシュタインはそれに対しそれぞれの言葉で適切な返答をしていました。当時の世界の比較法学界を指導していたのは、外国語に堪能なユダヤ系の学者でした。このような学者に伍して日本人がどれだけやれるか心細い状況です。そこで、外国の一流比較法学者の学説を紹介するというのが、私を含め、日本の比較法学者の仕事の中心になりました。

しかし、これからは日本の比較法学者でなければやれない仕事も沢山あると思います。一つは、世界の法系の中における日本法の位置づけです。これまでも、この分野では、野田良之先生や北川善太郎さんなどによるすぐれた外国語業績があります。大木雅夫さんの『日本人の法観念』もぜひ外国語版がほしい業績です。

つぎが、アジア法です。日本はアジアの一環ですので、アジア法について関心が高くて当然ですが、現実はそうではありません。中国法については長い伝統があり、今日でも世界をリードしていますが、問題は英語による発信能力です。それがなければ、西欧の人は読んでくれません。東南アジアとなると、そもそもそれを対象とする法学研究者の絶対数が足りません。現状では、他分野の篤志家に期待するほかありません。これに対し、圧倒的多数の日本の法学者

ラインシュタイン（Max Rheinstein: 1899-1977）ドイツ生まれの比較法学者・弁護士、ラーベルの弟子、アメリカに移住後、シカゴ大学教授等。

北川善太郎（1932～2013）民法、比較法、京都大学名誉教授。外国語業績としては、単著『Rezeption und Fortbildung des europäischen Zivilrechts in Japan』（Alfred Metzner Verlag, 1970）、共著『The Identity of German and Japanese Civil Law in Comparative Perspectives; Die Identität des deutschen und des japanischen Zivilrechts in vergleichender Betrachtung』（De Gruyter, 2007）他の多数の共著がある。

の関心はアメリカを含め、西欧法に向けられています。そのレベルは大変高く、私の若いころを思うと、驚嘆すべき状況です。しかし、それが世界の比較法学の発展のためにどれだけ役立っているかは疑問です。これからは、日本の法学者の関心がもっと多様になることを期待しています。

大木雅夫
（1931〜　）比較法学、上智大学名誉教授、聖学院大学教授。

アジアへの関心

――アジア法の話が出ましたが、先生のアジアへの関心についてお伺いできますか。

五十嵐　私たちの世代は、中等教育では儒教の影響のもとで育ちました。日中戦争の勃発により、中国に対する関心はいっそう高まりました。そして、太平洋戦争が始まると、日本軍が東南アジアに進出したので、それらの諸国に対する関心も高まりました。しかし、他方で高校では、従来教わってきたことは間違いばかりだから、そのようなものは全部捨て、根本からやりなおせと言われ、その気になりました。そして儒教は捨て、新たにギリシャ哲学を出発点とした西欧哲学が勉強の対象になりました。そのような前提で、私は法学を勉強することになったので、比較法の研究対象も西欧法に限られました。中国は戦争末期にたまたま海軍予備学生の訓練所が旅順にあったので、四カ月の間、そこですごしただけです。東南アジアについては、最初の留学の時、船で行ったため、各地に停泊し、そこでの見聞が今に至るまで唯一の体験です。したがって、アジア法は長い間、私の比較法の関心の外にありました。それでも比較法で法系論に関心を持ったため、世界の法系の中で、日本法、さらにはアジア法がどのような位置を有するかという問題意識は、かろうじてあったといえます。

私がようやくアジア法に関心を持つようになったのは、一九八〇年代の後半になって、東アジアの各地を旅行する機会が訪れたことによります。中国については、土地法学会が主催した旅行に二度にわたり参加しました。韓国については、一九八四年にゲッチンゲンに留学した時知り合った延基栄さん（東国大学校）から、一九八九年に韓国で開かれた独韓日三国の消費者保護法をめぐるシンポジウムに招待されたのが初めで、その後、北大の今井弘道さんが中心となって組織された日韓法文化研究会のメンバーになり、七年ほど、毎年一回韓国を訪問し、韓国全体を旅行することができました。このため、まず中国語や韓国語を勉強する必要があり、もっぱらＮＨＫのラジオで勉強しました。当時は外国語の講座は一年間続けられ、最後にはかなり上達できましたが、いまは半年単位になり、会話中心で、あれでは役に立ちません。もっとも私の上達度は、中国語はだめで、韓国語は全盛期にはハングルが読めましたが、年を取ってからの外国語はしょせん無理です。その国の言葉ができない限り、その国の法を学ぶことはできないので、私のアジア法に対する知識は、関心があるという程度に過ぎません。

――ご蔵書を中国の大学に寄贈されていますね。

五十嵐　私の蔵書を中国の山東大学に贈ったのは、いろいろの偶然の結果です。誰にとっても定年後の蔵書をどうするかは問題ですが、私も北大の定年をまじかにしたころ、自宅を改造して、九坪ほどの書庫を作りました。しかし、定年後赴任した札幌大学では、広い研究室に恵まれたので、北大にあった私の蔵書はそのまま札幌大へ移すことができました。札幌大には一〇年ほどいましたが、そこをやめる際に、蔵書をどうするかがふたたび問題になりました。自宅の書庫では半分ほどしか収納できません。そのとき、たまたま当時北大にいた中国山東大学の劉士国教授が帰国することになり、先方から私の蔵書の寄贈を歓迎し、送料も山東大学で負担するといわれました。私としても、これからは民法とは縁を切り、比較法に専念するために、民法関係の蔵書を、私の専門領域である人格権と事情変更の原則を除き、全部寄付しました。その中の多くは、諸先生方から寄贈を受けたものですので、自分の著書はいらないのかと思われることが気がかりでした。そこで例外的に、多くの著書を恵与された方については、一冊だけ残しました。それから七年ほどして、思いがけなく北海学園大学の法科大学院で民法を教えることになり、いささか後悔したのですが、その後に増えた文献などでなんとかやりくりしました。私に寄贈された方々も、中国における日本法研究に何ほどか役立つことがあると思っていただければ幸いです。

――では、比較法学の中で、アジアの位置づけをどのように考えておられますか？　法系論の中に位置づけうるような、アジア的なものは存在するのでしょうか？

五十嵐　比較法学の中におけるアジア法の位置付けについては、すでに拙稿「法系論における東アジア法の位置付け」（『現代比較法学の諸相』二四五頁以下所収）に述べていますが、私としては、アジア法全体について一つの法系と考えるのは無理と考えています。この点で安田信之さんは、稲作農耕の面でアジア全体の共通性があると主張していますが、千葉正士さんは、それはいまのところ無理で、アジアはいくつかの文化圏に分かれると主張しています。私は千

安田信之
（1943～　）国際法、名古屋大学名誉教授。

ネル（Knut Wolfgang Nörr: 1935– ）
法制史、民法学者。中世教会法学、特に訴訟法学史の権威、二〇世紀法制史のパイオニアの一人。兄ディーターはローマ法学者。日本との学術交流でも活躍した。

葉さんの見解に近く、少なくとも東アジアについては一つの法系が成立すると主張しています。そこには当然中国法が含まれます。しかし、現在の中国法には他の三法域に比べ異質性があります。それを無視しているのは、私の余命が長くないことと関係します。なお、私の見解はドイツ語でも発表しており（Igarashi, Gibt es einen ostasiatischen Rechtskreis? in: >Ins Wasser geworfen und Ozeane durchquert< Festschrift für Knut Wolfgang Nörr, 2003, 419 ff.）、ネル先生からは好意的なお手紙をいただきましたが、それ以外には全然反響がありません。

―― 日本の民法はドイツ的要素とフランス的要素があるのが特色という見方もありますが、実際に両方の要素を持つスイスと対比して、両要素を融合したなどといえるでしょうか？

五十嵐　日本の民法におけるドイツ的要素とフランス的要素の存在について、スイスにおけるような両要素の融合が見られるかという質問については、私は答えられません。私はスイス民法についてはほとんど本格的な勉強をしていません。今書いている『ヨーロッパ私法への道』で、つぎにスイス民法典の成立を扱わなければならないのですが、一通りのことしかできないと諦めています。なお、現在の日本の民法学者は、ドイツ法かフランス法かどちらかに偏っており、小川さんのようにどちらにも通ずる人が出てこないのは残念ですね。

比較法プロパーの専門家について

―― 日本では比較法プロパーを専門とする研究者がその後も少ないこと、今後の日本の比較法学の課題について、どのようにお考えでしょうか？

五十嵐　日本で比較法プロパーを専攻する研究者が少ないだけでなく、それに関心をもつ研究者も少ないのは、依然として事実です。私自身はこれは面白い領域だと思っているので、その理由はよくわかりません。前から気にしているのは、日本の法学者のほとんど全員が外国に留学していますが、彼らの大半が留学先の国の法や法学に関心を持つだけで、その国の大学で教えられている比較法の講義には関心を持たないことです。このため、とくにアメリカで顕著に見られる比較法の新しい傾向について情報が足りません。このような状況をもたらした一つの理由は、比較法プロパーを勉強してもそれだけでは就職ができないことにあります（つまり、大学法学部に比較法〔原論〕の講座がない）。そのため、就職するには、実定法のどれかの分野か、またはどれかの外国法について論文を書かなければなりません。したがって、比較法プロパーの領域に参入するのは、それからということになります。もっとも初めから比較法プロパーの論文を書くより、ひとまず実定法や外国法の領域で論文を書くこと自体は、私としてもむしろ推奨したいことです。これまでは、日本の大学では比較的講義負担が少なかったので、就職後、講義の傍らに好きなことがやれたのです（ただし、法科大学院ではその余地が少なくなり残念です）。もっとも、比較法プロパーの論文を発表しても、どれだけ読んでもらえるかは疑問です。とくに『法律時報』誌の年間回顧では、「外国法」はあっても、比較法プロパーを取り上げる欄はありません。そのため、滝沢正『比較法』も拙著『比較法ハンドブック』も、どこでも取り上げていません。私たちはともかく、これでは若い人がせっかく比較法プロパーで大論文を書いても気の毒です。私自身は磯村先生にあそこで取り上げていただいたのが、研究の原点み

木下　毅
（1936～　）英米法、比較法、立教大学教授、北海道大学教授、中央大学教授などを経て、弁護士。

たいなものですから、比較法の論文を書いても取り上げられないのは若い人にどうかなと思っております。

現在の日本では、比較法プロパーを専攻する学者のうち、私のほか、大木雅夫さんや木下毅さんがいますが、いずれもすでに老境に入っているので、現役としては滝沢正さん（上智大学）と貝瀬幸雄さん（立教大学）くらいで寂しいかぎりです。しかし最近、國學院法学（五一巻四号）に姫野学郎さん（國學院大學）が「エドゥアール・ランベールの比較法」という大論文の一部を発表しており、また内田さんのお弟子さんの加毛明（東京大学）さんが、アメリカ留学で比較法の講義から刺激を受け、比較法プロパーの領域に踏み込んだ論文を発表しており、今後が大いに期待されます。

――お話に出てきた法律時報の学界回顧の外国法は、先生が担当されていましたね。

五十嵐　僕はね、外国法は一人で全部やりましたよ。最初は比較法一般で、それから英米法、大陸法、社会主義法と、全部一人で書いた。

――一九六〇年、六一年。

五十嵐　その頃は、一人で担当できる程度の文献しかなかったということがあります。最近は専門分野は細分化したので、細かく分けていますね。たとえばドイツ民法に関する論文を書くと、民法の部門でも、ドイツ法の部門でも取り上げられます。しかし比較法プロパーで書くとどこでも取り上げてくれない。「こんちくしょー」と思ったのですが（一同笑）。

――まあ考えなければいけないでしょうね。

日本の民法学について――瑕疵担保責任との関連で

――ところで、先生が学界に影響を与えられたもうひとつのテーマである瑕疵担保については、論争は先生の比較法研究から始まったといえますが、日本の民法学者には外国法に通じている人は多かったのに、なぜ比較法的視点が欠けていたのでしょうか。また、日本における比較法学の受容ということと関係しますが、Rabel, Das Recht des Warenkaufs は、第二巻が一九五五年に出たばかりだったわけですが、他方でこの著者および著書は、今から見れば、個別テーマを扱った比較法学のいわば代名詞的な存在だったわけです。そういう点からして当時この著書はどの程度注目されていたのでしょうか。

五十嵐　私が瑕疵担保の論文を書いたのは、Rabel, Das Recht des Warenkaufs, II, 1958 に触発されたからですが、本書についてはラーベル雑誌に発表された Otto Riese の書評によってその存在を知りました。当時の東大系の民法学者の間では、ラーベルはほとんど読まれていなかったようです。これに対し、京都では磯村哲先生を中心としてラーベルは戦前より読まれていました。したがって、磯村先生ははじめより、私の論文を我が意を得たものと解されていました。そこで、東大系の民法学者と比較法、外国法の関係が問題になります。私が私法学会で行為基礎論について報告をしたとき（一九五七年）、我妻先生も聞いておられましたが、何も質問をされませんでした。あとで、小山昇先生から聞いたところでは、我妻先生は私の報告を評価していたようですが、ただ外国法の扱いが自分たちとは違うという感想を漏らされたとのことです。多分、東大系の民法学者は、外国法を学ぶ場合も、日本民法の解釈に直接役立つように学び、他方、外国法の専門家は日本法の解釈に役立つかどうかに関係なく学んでいたように思われます。私の場合は、ある外国法上の制度や理論が、その国でどのように機能し、評価されているか、さらにそれが比較法的にどのように位置づけられるかに関心があったと思われます。

――以上とも関わりますが、戦後の日本民法学の形成に参加されつつも、東京から距離を置き、さらに世界の比較法を専門としておられたことにより、東京にいた人には見えないものも見えておられたのではないかと拝察します。日本民法学の特質と限界を、どのようにご覧になっておられたでしょうか。

五十嵐　北海道にいたから、東京にいた学者にわからないところが見えたということは、ありません。強いて言えば、東大の人には、東大系の学者だけを引用するという傾向がありましたが、私には、京都や仙台や福岡も見えたということはいえます。比較法学者として、日本民法学の特色をどう見ていたかという点については、時代による多少の変遷があります。私の若いころは、民法学に対する外国法の影響は、戦時中の中断があり、乏しいものだったといえます。私たちの世代が留学から帰ったころから状況が変わり、留学先の外国の情報の入手に事欠かなくなりました。ただそのため留学先の外国法だけが視野に入り、ひろく比較法から学ぶという精神が乏しかったといえます。この点は、前述のように今日でも変わりません。もっとも、最近は民法学者の間にもウィーン売買条約やヨーロッパにおける民法の統一についての関心が高まっていることは歓迎すべきであり、そのことは、特定の外国法だけでなく、広い比較法的視座を必要とするので、今後の発展が期待されます。これに対し、民法学者が日本の固有法に関心を持つことが少ないのは残念ですね。とくに内田さんの『契約の時代』に対する批判があるのは残念ですし、また小川さんには、「法の循環」につづく研究を期待しています。

比較法学の将来

―― 比較法に関する質問の最後に、比較法学の将来についてどうお考えでしょうか？　もう少し細かく見れば、一九九〇年代以降世界の比較法学は、新しい業績も出て、一つの転換期を迎えたように思います。一つは、ツィンマーマンに代表される mixed legal system 論です。シビルロー（Civil Law）とコモンロー（Common Law）の混淆あるいは融合という側面もあるとは思いますが、見方を変えれば、もともと Roman-Dutch Law を身に着けていた南アフリカの法律家がコモンローを受容する、その過程で様々なことが起こったように思われます。たとえば、信託のように従来南アフリカではあまりなかった制度が導入されてきます。南アフリカでは、伝統的な法と切り離されてイングランド信託法を直輸入するのではなく、ローマ法以来の「(相続) 財産管理」法（日本ではあまり研究されていませんが、きわめて豊かな内容をもっています）を駆使することによって、非常に面白いものを作り上げました（『比較法研究』七四号参照）。他方で、たとえば契約法のコンシダレーション（約因）などでは、それまでイギリス人も気が付かなかった（あるいは、世界の比較法学者も気が付かなかった）普通法学（ius com-

ツィンマーマン（Reinhard Zimmermann: 1952- ）
比較法、法制史学者。現代ドイツを代表する法学者で、世界の比較法学のリーダーの一人。南アフリカでの教授経験から混合法システム論を開拓。代表作『債権債務法』。

mune）との密接な関係を気づかせることになりました。私（小川）の印象では、ツィンマーマンの研究以降（あるいはその前からあったのかもしれませんが）イギリスにおける法制史的研究は一変し、今までとは比べものにならないほどに普通法学を意識するようになりました。これは、南アフリカから、つまり受容する側から受容されるものを見ることによってもたらされた成果だといえましょう。

もう一つは、先生も紹介されていらっしゃる、パトリック・グレンの「法伝統」論がありま す（「法伝統とは何か」『鈴木禄弥先生追悼論集』）。ちなみに、この先生の論文を読ませていただいたときに、先生の全く衰えない学問的意欲に驚嘆し、自分は八〇歳を超えてこんなことができるだろうかと考え込んでしまったのですが。私（小川）なりに、グレンの議論をごく大雑把に纏めれば、いわばルーマンのシステム理論のようなもので、環境からの影響に対してシステムはそれを直接に受けるのではなく（それではシステムは壊れてしまう）、システムを作動させて自己を作り替えることによって受容し対応してゆく、それと同じように「法伝統」と呼ばれるものは、外部からの影響によってとってかわられるのではなく、自分を作り替えながら、しかし「法伝統」は持続してゆくということなのではと思います。ここでも重要なことは、受容する側から受容されるものを眺める視点です。

私（小川）の考えでは、従来の比較法学は法系論などに典型的に表れますが、主要国の法の側から、与える側から見てきたように思いますが、これからは受け取る側から見るということも重要になるのではと思います。

パトリック・グレン（H. Patrick Glenn: 1940-2014）比較法・国際私法・民事訴訟法、カナダのマギル（Mcgill）大学教授。法伝統論をとなえ、比較法文化論の著作『世界の諸法伝統』がある。

五十嵐　比較法学の将来については、すでに「比較法はどこへ行く？―ひとつの中間報告」（早稲田大学比較法研究所編『比較法と法律学』二〇一〇年、二七八頁以下所収）で述べており、さしあたりそれ以上追加することはありません。質問にありますツィンマーマンやグレンについても、とくに語ることはありません。ツィンマーマンの The Law of Obligations, 1990 は、発刊当時、書評を見て購入しましたが、ほとんど読んでいません。私にとってツィンマーマンは、主としてヨーロッパ統一民法の支持者の一人として注目されるだけです。グレンについては、その法伝統論を詳しく紹介していますが、第一章の「伝統」とは何かに関する論述にはついていけません。ただグレンについては、日本でもっと注目されてもよいと思っています（なお、ついでながらですが、最近フランスで新しい比較法の教科書として、Thierry Rambaud, *Introduction au droit comparé*, puf, 2014 が刊行されました。副題が「世界における主要な法伝統」となっており、本書に対するグレンの影響は明らかです）。大抵の学者は、ある年齢以後に発表された新学説については、なんとか理解できても、自分のものにすることはできません。このような問題については、次の世代にお任せするほかありません。なお、小川浩三さんの近講「法の循環」（専修大学法学研究所所報四八号）は大変興味深く拝見しました。

七　ドイツ留学

フライブルクへ

――では、留学について改めてお伺いしたいと思います。戦後の日独の法学交流史という点でも興味深いと思います。

五十嵐　一九五五年にドイツに行くときに、本当はツヴァイゲルトのもとに行きたかったのです。当時鈴木禄弥さんが既に留学しておりましたから、禄弥さんに相談したところ、ちょうどマックス・プランク研究所がチュービンゲンからハンブルグへ移るという時期で、今来ても、チュービンゲンには、誰もいないよといわれたので、比較法は諦めて、当時日本で非常に評判が高かった、グスタフ・ベーマー（Boehmer）のいるフライブルクへ行きました。ヒッペル（フリッツ・フォン・ヒッペル）のところに行ったわけではありません。ヒッペルという学者がいることなど、全然知らなかったのです。日本では当時本当に有名だったのはベーマーぐらいです。川井健君も、後でベーマーを頼って来た。でもベーマーは退職しているので、ダメですよといったのですが、それでも彼はフライブルクに来てしまったのです。ヒッペルさんは最初の学期で、債権総論の講義をしており、その講義に出ていたら、二回目か三回目ぐらいに講義が終わった後、私のところにやってきて「お前どこから来たか、東京か」と言われました。

フリッツ・フォン・ヒッペル（Fritz von Hippel: 1897-1991）民法、法哲学。父ローベルトは著名な刑法学者、兄エルンストは公法学者、弟アルトゥール＝ローベルトはアメリカに亡命したノーベル賞級の応用物理学者。教授資格取得論文『法律行為の私的自治の問題』は、統制経済のナチス政権下で出版された。

「いや、東大は出たけれど、今は北海道大学だ」と答えた覚えがあります。当時のドイツで唯一知られている大学は東大ぐらいで、他は全く知られていなかったのです。従って北海道とか札幌とかはドイツで言っても誰も知っていない。つまり、日本で知っている都市というと、東京はもちろんですが、東京、大阪。あとは広島と長崎が知られていました。札幌や北海道などは、知る人はいないという、まあそういうことです。札幌が有名になったのは、冬季オリンピック（一九七二年）のおかげです。あれがいかに大きな意味を持つか。私はもう当時から それはわかっていましたから、七二年になったら、札幌はいやでも有名になるよと言っていました。だけど北海道はダメだと。北海道大学なんて言っても誰も知らないと。札幌大学については、札幌といえば外国の人はみんな知っている。そういう風に札幌大学では言っていたのです。そのヒッペルさんが授業の後私のところにやってきて、自分が指導教授になるということを向こうから言ってくれて、それで、ヒッペルさんの弟子になった。まもなく自宅に招待されまして、その時ティーロ・ラム夫妻（ヒッペルの愛弟子ですが）を呼んでくれました。ラム夫人は、日本育ちなのです。神戸に住んでいたということで、日本語が達者でしたから、当時日本から行った人は、ラム夫人にお世話になりました。

——ラム夫人？

五十嵐　ティーロ・ラム。

——正田彬さんが非常に親しかった。

五十嵐　ああそうですか。労働法なのだけどね。

ラム
（Thilo Ramm: 1925– ）民法、労働法、現代法史学者。ギーセン大学、ハーゲン放送大学教授。労働裁判所の裁判官法の危険を批判し続けた。最近の編著に『国家社会主義と法』がある。

正田　彬
（1929～2009）慶應義塾大学名誉教授、経済法。

ケメラー先生ご夫妻を迎えて。1976年6月、支笏湖にて。

ハンス・シュトル先生ご夫妻を迎えて。1978年9月、中山峠にて。

グロスフェルト教授ご夫妻を迎えて。1984年９月、支笏湖にて。

フォン・バールご夫妻を迎えて。1885年９月26日、支笏湖にて。

――正田さん最初は労働法だから。

五十嵐　ああ、そうでしたか。しかしラムさんには私はその後一度も会ってない。日本に来たこともあるのですよね。

五十嵐　なんとか会いたいなと思ったのですが。ただなんとなく、ラム夫妻とは親しくなる機会があまりなくて、当時も時々会って交流はあった程度です。講義はちゃんと聴いて、物権法の講義をやっていたのです。講義自体はあまりどうってことないもので、学生もさっぱり集まらない。平行して実務家による物権や担保物権を中心とした講義があったのですが、そちらの方は超満員でした。その実務家は、国家試験の委員をやっているのですが、そういうところに学生が集まるという状況なのです。ヒッペル先生のご長男が、アイケ・フォン・ヒッペル君で、これは、私より一〇歳ぐらい年下なのですが、ヒッペル家を訪問した時に紹介され、授業でもローマ法のハンス・ユリウス・ヴォルフさんの講義に一緒に出ていまして、アイケ君とは今日に至るまで、親しい関係が続いているほとんど唯一の存在かと思います。

――アイケさんはまだ生きておられるかな？

五十嵐　はい、生きています（その後、Die Welt im Narrenspiegel という本が送られてきました）。

――今年、亡くなった。ハンス・シュトルもフライブルクにいた時ですね。

五十嵐　いやいや。フライブルクではヒッペル先生だけしかお付き合いがなくて。結局ケメラーさんは、一九五五年の冬学期の時は、休暇をとり、一九五六年の夏の学期の時は、学長に

グロスフェルト（Bernhard Großfeld: 1933- ）
ドイツの法学者、民法・商法・経済法・国際私法・比較法、ゲッチンゲン大学、ミュンスター大学教授。

バール（Christian von Bar: 1952- ）
ドイツの法学者、私法、オスナブリュック大学教授。ヨーロッパ統一民法運動の旗頭。

アイケ・フォン・ヒッペル（Eike von Hippel: 1935- ）
比較法、民法学者。フリッツ・フォン・ヒッペルの息。ハンブルク大学、マックス・プランク外国私法・国際私法研究所教授。『消費者保護』、『正義のための闘争の場』など。

なった。そういうことで、ケメラーと話をしたのは、実は札幌に来た時に、車で洞爺登別を案内しまして、遅まきながらね、その段階で初めて親しくさせていただいたのです。それから、ケメラーのことでついでに言うと、学長になった時も、国際私法の講義だけはしていました。非常にわかりやすい講義でした。フライブルクでは一年間しかいなかったのですが、民法関係とか、歴史とか法哲を含めて、随分たくさん朝から晩まで講義を聴いていました。その中で、一番よくわかったのが、ケメラーの国際私法の講義でした。これはほぼ全部理解できた。それで帰ってから国際私法の講義を北大で始めたのですが、その動機のひとつがケメラーの講義でわかったということです。向こうにいた時はそういうことで、ケメラーは学生の間では非常に評判がよかったのですが、私は彼の他の講義を聴くこともなく、研究室を訪ねるということもしませんでした。これは非常に心残りのすることでした。

フライブルグ時代はいろんな講義講演を聴いたのですが、もう一つよくわかったのはニッパーダイです。フライブルクにやってきて、学生に対して講演をしたのですが、これもすごくよくわかる講演でした。これは私の論文「ボン基本法と契約の自由」の中で引用しています(拙著『比較民法学の諸問題』一粒社、七四頁参照)。

――比較法の大家のツヴァイゲルトとの関係について伺えますか。

五十嵐　ツヴァイゲルトに師事出来たのは、二度目の留学の一九六九年。当時アイケ君もハンブルクにいましたので、都合がよかったのですが、ツヴァイゲルト先生はその頃は非常に忙しくて、若手の指導どころではないということで、講義もしなかったのです。

ヴォルフ
(Hans Julius Wolff: 1902-1983)
民法、古代法制史、特にギリシア法制史学者。ナチス政権掌握後1935年に、パナマ、次いでアメリカに亡命。オクラホマ市立大学などで教鞭を取った後、フライブルク大学教授。

シュトル
(Hans Stoll: 1926-2012)
民法、比較法学者。父ハインリヒは、利益法学の代表者、「給付障害」概念の創出者。ボンおよびフライブルク大学教授。主な研究領域は、比較民法、特に物権法と損害賠償法。

ニッパーダイ
(Hans Carl Nipperdey: 1895-1968)

かわりに、一番弟子のドロップニクが、講義をしました。ドロップニクはアメリカで勉強した人ですから、アメリカ式の講義、つまり諸外国の判例の比較という形で、とくに錯誤についての、判例法の比較をやりました。結構面白いものだと思いましたが、やはりドイツでアメリカ式の講義をやってもダメですね。全然盛り上がらないという講義でした。

これに対して最初の留学の時は私は純粋な学生として一年間を過ごした。講義をたくさん聴いたのも事実ですが、その他の生活においても、学生としての生活を堪能しまして、そういう点では諸先生の留学と多少違ったかなと思います。しかしそれはそれなりに非常に大きな成果があったと思います。いろんな人と会って、いろんな話をすることができました。研究室で研究するという経験をしたのはその後で、最初は今言った一九六九年のマックス・プランク研究所ですが、しかしあの研究所はちょっと規模が大きすぎて、あまりアットホームな感じはしませんでした。

ゲッティンゲン大学の医事法研究所

五十嵐　その次に一九八四年にドイチ教授に招待されて、ゲッティンゲン大学の医事法研究所というところに行きました。九五年にも行っていますが、メインの方は八四年の方。四月から一応七月まで、四カ月ということになるのですが、実際は八月末までゲッティンゲンに滞在したのです。その時はこじんまりした研究所で、非常に楽しい時間を過ごしました。元々小規模の研究所で過ごしたいという願望を持っていたものですから、やっと叶えられたのです。

民法、労働法学者。ナチス期はドイツ法アカデミーのメンバー。ケルン大学教授。一九五四–一九六三連邦労働裁判所長官。Enneccerus の体系書の『民法総則』の改訂者。

ドロップニク
(Ulrich Drobnig: 1928–)
民法、比較法学者。ハンブルク大学教授。一九七九–一九九六年マックス・プランク外国私法・国際私法研究所所長。『比較法国際エンサイクロペディア』の編者、担保物権法の業績がある。

ドイチ
(Erwin Deutsch: 1929–)
民法、医事法学者。キール大学を経てゲッティンゲン大学教授。一九八三年に遡る『医事法』は現在七版が出

それから最後が一九九五年ということになった。この時また同じ研究所に行ったのです。二月（ふたつき）ですけれども、その時はドイチさんの定年が近かったせいで、えらいばらばらで、さっぱり統一がとれておらず、ドイチさんの威厳もなくなっていたという感じでした。八四年の時は、上の方にフィッシャーという、東西合併の後にハレの教授になった人ですが、それから現在も活躍している人ですが、タウピッツ、その二人が上にいて、教授資格を取る準備をしていたのです。彼らを中心としてまとまりもよく、その後も、当時の連中が毎年どこかで集まって同窓会をやっているという話を聞きました。非常に楽しい期間を過ごすことができたのです。

ふたたびフライブルクへ

五十嵐　話が飛びましたが、二回目の留学に戻りますと、ツヴァイゲルトからは行った時と帰る時と二回、昼食に招待されましたが、個人的に会って話をするのはそれだけでした。ツヴァイゲルトは、こちらの話が通じない人ですね。比較法学者は、いい加減なドイツ語でも、わかってくれるのです。例えばアイケ・フォン・ヒッペルなどは何を言ってもわかってくれる方で、そういうものだとばかり思っていたら、ツヴァイゲルトはよほど正確なドイツ語を話さないと通じないという感じで、びっくりしました。なおツヴァイゲルトはそれから何年かたってアルツハイマーになり、その時に挨拶状が来ました。もうこれからは連絡できませんということでした。

版されているスタンダード・ワーク。

フィッシャー
（Gerfried Fischer: 1940- ）
民法、特に医事法、比較法学者。一九八七年ゲッティンゲン大学で教授資格取得。一九九一年からハレ大学教授。民法、特に医事法、さらには医学・倫理・法の学際的な研究に従事。

タウピッツ
（Jochen Taupitz: 1953- ）
民法、特に医事法、医事倫理の専門家。一九八八年以来マンハイム大学教授。法律に基づいて創設された「ドイツ倫理諮問会議」のメンバー（共同副議長）。

です。

——じゃあ、かなり早い時期から？　七〇年代半ばぐらいから？

五十嵐　だからあの『比較法入門』の第二版の時には、もうアルツハイマーになっていたのです。

ドイツについて

——先生はずっとドイツに行かれていますが、比較法学を研究する上でドイツ法の意味はどのようなところにありますか？

五十嵐　私がなぜドイツを留学先に選んだかは、すでに述べました。要するに、ほかに行くところが無かったからです。ただ、二回目以後もドイツだったというのは、疑問の余地がありません。二度目の留学は文部省留学でしたので、どこでも選べたのです。いまから考えると、アメリカも十分留学先となります。一九六八年に国務省の招待で一月半にわたりアメリカ全土を旅行し、多くの大学で比較法学者に会うことができました。とくにコーネル大学でシュレジンジャー先生に歓待され、こういうところに留学したいと思いましたが、すでにドイツに留学すると決めていたので、いまさら変更もできず、残念でした。ハンブルクのマックス・プランク比較法研究所は念願の場所だったことも、変更しなかった理由です。

比較法学を研究する上でドイツ法の意味はどこにあるかは、難しい質問です。私は基本的には、どの国の法も比較法学の研究対象になりうるし、むしろわが国では英米独仏ソ連など特定国に研究対象が限定されていた点に問題があると考えています。その中でも、ドイツは、ヨー

シュレジンジャー（Rudolf Berthold Schlesinger: 1909–1996）
アメリカを代表する比較法学者。ミュンヘン生れ、父はアメリカ市民権保持者。一九三九年アメリカに移住。コーネル大学、カリフォルニア大学ヘイスティングス・カレッジ・オヴ・ザ・ロー教授。一九五〇年公刊の『比較法』は、二〇〇九年に七版が出版された。

ロッパにおける後進国として日本と共通性があるといえます（もっとも、これがいかに皮相的な見解であるかは、ドイツ留学体験者には説明の余地もないと思います）。ただ法学の面では、一九世紀以来、ドイツは世界をリードしてきました。日本が、明治時代に、ドイツから法と法学を継受したのも当然と思います。ただ今日は事情が異なり、多くの国の法と法学から学ぶべきと思っています。それを前提として、私のドイツ法について研究の中心は、初期（とくに第一次留学後）では、戦争のため、ドイツの法と法学の情報が日本に入ってこなかったので、そのブランクを埋めることが主な目的でした。その成果が「西ドイツ民法学の現況」（北法一一巻一号）です。その後は、むしろドイツ法の相対化につとめたつもりです（たとえば、行為基礎論についても、そのまま日本に取り入れることはできない）。最近でも、多くの若手研究者が最初の論文でドイツ法をそこから日本法の解釈の視座を得るために研究しており、それはそれとして頼もしい限りですが、将来的にはドイツ法だけがモデルではないことを知ってほしいと思っています。

――最初に留学され頃のドイツは、戦後復興の中で東西対立が激化していた時期かと推測しますが、先生のご覧になったドイツはどのような状況だったでしょうか？ 敗戦でドイツ法学自体に対する世界の評価に変化は生じていなかったでしょうか？

五十嵐　私が最初にドイツに留学したのは一九五五年から五六年にかけてですが、当時のドイツではまだ第二次世界大戦の跡がいたるところ残っていました（日本のほうが復興が進んでいました）。しかしそれにもかかわらず、日本から見れば、ドイツははるかに先進国であり、伝統の重みをいたるところで感じました。法学についても、そういえます。その法学に対する世界の評価については、語ることができませんが、少なくとも日本においては、ドイツ法に対する評価はガタ落ちでした。かってのドイツ法学に対する高い評価も、ナチス時代に消滅し、戦後はドイツ法学は概念法学の牙城とされ、学んではいけないという風潮がありました。おそらく鈴木禄弥さんも私も、このような時期にドイツ法専攻者になるというのはかなりの勇気がいることでした。したがってドイツ留学希望者も少なく、おかげで私のような者でも、しばらくはドイツ法研究の分野で指導的地位に立つことができました。諸外国におけるドイツ法学に対する評価も低いものだったと思いますが、フライブルク大学法学部における留学者はけっこう多くおり、それほどではなかったといえます。もちろんその後の西ドイツの発展に伴い、事情は大きく変わります。

―― 先生はナチス法学の研究もされていますが、ナチス時代の法学をどのように評価されますか? 我妻先生は、終戦前から、ナチス法学の長所と短所を冷静に分析されていたようにも思えますが、どう思われますか?

五十嵐　私はナチス法の専門家ではないのですが、ナチス法学はどうなったかは、最初の留学時のテーマの一つでした。当時の私の目に触れた限りでは、ナチス法学については全面的否定ではなく、とくに私法の分野では、私法の発展としての面もあるという論調が多く、びっくりしました。そのような西ドイツにおける初期のナチス私法学に対する評価を伝えたのが、民科（民主主義科学者協会法律部会）で発表された「ファシズムと法学者」（『比較民法学の諸問題』

一頁以下所収）です。

以後今日にいたるまで、多少の変遷はありますが、私の考えは基本的に維持されています。我妻先生のナチス法に関する論文も、上記論考を書くさいに改めて読みましたが、たしかにナチス法の長所と短所を冷静に判断されており、今日でも通用するものです。一つには、我妻先生は共同体思想にコミットされている面があり（それを受け継いでいるのが内田貴さんだと思います）、それに対する今日の批判もありますが、私にとってはその点で我妻先生を批判する気にはとてもなれません（そのような論考が送られてきたときは、いつも代理戦争をしています。内田さんに対する場合もそう）。

——ヨーロッパの近代法学の中でドイツ法学が占める地位をどのように評価しておられますか？　一九世紀にドイツで突出して優れた法学が誕生したようにも思えますが、どう思われますか？

五十嵐　ヨーロッパの近代法学の中では、とりわけ一九世紀におけるドイツ私法学を高く評価しています（詳しくは、いま執筆中の『ヨーロッパ私法への道』の第七章をご覧ください）。これは当時から世界で高く評価されていました。フランス、イギリスのほか、ロシアに対しても影響を及ぼしています。その中でも、とりわけサヴィニー、イェーリング、ギールケという三人の巨頭が傑出した存在です。どうしてそうなのかという質問には、残念ながら答えることができませんが、やはりサヴィニーの影響が大きかったと思われます。戦前の日本では、サヴィニーよりも、後の二人のほうがもてはやされており、戦後初期の私も、そのような環境の下で

ギールケ
（Otto von Gierke: 1841-1921）
民法、法制史学者。ブレスラウ、ハイデルベルク、ベルリン大学教授。ローマ法の個人主義に批判的で、その立場から民法典草案を批判。『ドイツ団体法』など。

育ちましたが、今日では、ご承知のように、わが国はサヴィニー研究の面ではドイツとならぶ存在となっています。

貧乏留学体験記

（『ECHO』一九八七年）

私は初期のDAAD留学生として一九五五年より翌年にかけてフライブルクに一年間滞在した。当時の留学生は今の人には想像できないような貧乏生活を余儀なくされた。老人の思い出話で申し訳ないが、当時の生活を不確かな記憶を頼りに再現したい。

当時のDAADの給費は月二五〇マルク（日本円で約二一〇〇〇円）だった。これで何とか最小限度の生活は可能であると聞いていたが、本も買いたいし、旅行もしたいということになると、それでは足りない。ところが当時の為替管理法のもとでは、合法的に持ち出せる外貨は確か一〇〇ドル位。後は闇ドル（一ドルが四〇〇円）を入手しなければならない。某出版社の方が一〇〇ドル世話してくれたので助かった。その他、高級カメラを買っていったが、いざとなれば、それを売却して生活費にあてるというのが目的の一つであった。なお滞在中も三カ月で一〇〇ドルの送金が可能であったが、一ドル三六〇円の時代なので、留守家族にその余裕はなく、父親に最後のおねだりをした。

ドイツへの往復は、貨物船の一等船客として、三食とも洋食のフルコースという豪華な旅を一月半（帰りは二カ月）味わうことができたので、貧乏生活はドイツ滞在中だけである。この旅費は、国立大学の教官に対しては全額日本の文部省が負担した（その額は、片道の旅費だけで、DAADの一年間の給費全額に相当した）。

さてドイツでの最初の二カ月は三食付きのペンションで過ごした。おかげでドイツの家庭料理を十分味わうことができたが、下宿料は月二一〇マルク。あとは四〇マルクで暮らさなければならない。見かねたドイツの友人が別の下宿を見つけてくれ、以後の一〇か月はそこで過ごした。今度は部屋代だけで、確か月八〇マルクくらい、残りは自由に使うことができた。問題は食事だったが、昼はメンザで済ますとして、あとは原則として部屋で済ませた。朝は日本にいる時と同様パンとコーヒーだけで済ました（当時のネスカフェーは一回ずつが小さな缶に入っており、そのおいしいこと。すっかりインスタントコーヒー党になった）。夕食はドイツの原則に従い kalte Speise に徹した。料理ができなかったので、インスタントスープのほか、黒パンにバター、ハム、ソーセージをたっぷりのせて食べた。ビタミンC対策としては、果物と生で食べられる野菜でごまかした。これで一日三マルクくらいですんだと思う。メンザのない日曜は、宿の Wirtin（おかみさん）が毎週作っていたお菓子（果物のパイ）を山ほどいただき、昼食だけでなく、夕食もそれですますことが多かった。もっとも夜はドイツ人や日本人とのつきあいも多く（場合によっては週に二、三回）、それが単調な食生活を救った。

ここまで読まれた方は、それでも栄養的には十分ではないかと思われるかもしれないが、まさにその通りで、おかげで一年間やせも太りもせず終始健康で過ごすことができた。考えてみれば、戦中・戦後の耐乏生活を経験した私どもの世代にとっては、このくらいは物のかずではないということになろう。ただし、食べたい物を食べられなかった恨みは残った。十数年後に妻子をつれて二度目の留学をしたときに、ようやくその恨みの幾分かを晴らすことができた。

残ったお金で本を買うことは止め（帰国後大学の予算で買うことにした）、もっぱら旅行の費用に当てた。その旅行も主として学生の主催するパック旅行に参加することにし、最小の費用で最大の効用をおさめることができた。三週間におよぶギリシァ旅行をはじめ、八日間のイタリア旅行、二度のパリ一週間滞在など、数多くの旅行を楽しんだ。今からふりかえってみると、随分充実した一年間だった。そして、私のドイツとヨーロッパに対する視点は、この時に形成された。ドイツには後に三度ほど滞在する機会があったが、最初の貧乏留学に一番収穫があった。今の日本人にとっては、若い人は別として、このような留学は希望してもできないだろう。私自身いろいろな経験をしてみて、世の中はお金があればよいというわけでないことを改めて実感している。

比較法からみた日独関係の過去と現在（『ECHO』一九八七年）

私は一九五五年から五六年にかけて初期のDAAD留学生としてフライブルクで一年をすごした。留学の主な目的は、ナチス時代の後半より戦後一〇年間にいたる日独間の法学交流のブランクを埋めることにあった。そしてその成果として、ナチス時代の法学のなかにも、戦後の発展を基礎づけるものがあったことを明らかにした。

日独間の法学交流は、明治一〇年代の後半にはじまり、三〇年代より大正初期にかけてピークに達し、「独法に非ずんば人に非ず」とさえいわれた。しかし内容は一方通行であり、もっぱら日本人の側からドイツ法を学ぶだけであった。しかも、そこに批判的態度が乏しかったといわれる。

第二次大戦後の初期の日独間の法学交流も、一方通行の点では、戦前と変わりはなかった。当時の西ドイツの大衆は第二次大戦の同盟国として日本人に好意を示したが、法学者はほとんど日本法に関心を示さなかった。これに対し、日本の法学者のドイツ法に対する態度には変化が生じ、批判的摂取がかなり一般化した。その基礎には、ナチスおよびナチスを生み出したドイツそのものに対する批判や、第二次大戦後のわが学界の風潮の下で、反共の砦としての西ドイツにたいする批判が強かったことがあげられよう。

さて、私自身のドイツ留学については、その後長期のブランクがあり、ようやく一九六九年より七〇年にかけて、文部省在外研究員として、ハンブルクのマックス・ブランク比較法研究所で一年間研究に従事することができた。この一五年の間に、西ドイツ人の日本人に対する評価が大いに高まったことが目についた。しかし、その多くは日本の経済と技術に対するものであり、日本法に対する関心はいぜん乏しかった。当時すでにアメリカの法学者の中には、日本法に対する関心が強まっており、いくつかのロー・スクールにはかなり日本法の文献が集められている様子を見た後だっただけに、ドイツにかぎらずヨーロッパの立ち遅れを痛感させられた。

その後、数日間の学会出張のための渡独を除くと、つぎの留学の機会は一昨年（一九八四年）ゲッティンゲン大学のドイチ教授に招かれて、彼地でゼミを担当した（ただし名目だけ）ほか、四回ほど日本法の講義を行った際におとずれた。このこと自体が示すように、最近になってようやく西ドイツの法学者が日本法に関心を示しはじめてきた。具体的にいっても、日本の環境法制は西ドイツのモデルとされているし、また日本の調停制度を中心とした裁判外の紛争解決手段は、「安あがりの司法」を目指している西ドイツの司法当局にとって注目の的となっている。さらに若手の法律家の間で、日本への留学希望者が増えている（現に北大にもドイツから一人助手としてきている）。これにより今後は法学交流における日独間のアンバランスはかなり改善されるであろう。

それとともに、日本からの留学生の研究態度に変化が生じてきた。他の専門領域に較べるとまだ不十分だが、それでも法学の分野でもかなり専門化したテーマで研究に従事する留学生が増えてきた。他方、経済大国日本を反映して、ゆとりのありすぎる留学生も出てきたようである。最近の西ドイツにおける韓国人留学生の勉強ぶりを見ていると、三〇年前の私達の留学生活が思い出される。

ところで、今日、日本の大学は東アジアから多くの留学生を迎えている。法学に関するかぎり、韓国、中国、台湾と日本の間には、かつての日本とドイツのあいだに見られたような一方通行的関係がある。われわれの側でも、この状態の改善を目ざすべきであるが、それとともに、かつて勝手に押し掛けて行った日本人留学生を暖かく迎えてくれたドイツの教授の苦労を思い出して、東アジアからの留学生を心から歓待すべきであろう。

法学者の能力の絶頂期（一九七九年三月ジュリスト六八五号）

ハイデルベルクといえば、西ドイツ屈指の観光地であるが、その地方には、一九世紀を通じて、フランス民法を範とした民法典が施行されていたことは、案外知られていない。ハイデルベルク大学では、一九世紀初頭以来フランス民法が講ぜられ、教科書が書かれたが、その中では、ツァハリエのフランス民法教科書（一八〇八年）が有名である。この本は、後年オーブリとローによってフランス語に訳され、フランスの代表的教科書として、今日まで版を重ねている。ところで、ドイツ法学史ではツァハリエの評価はあまり高くないので、どうしてそのフランス民法教科書が成功したのかが、疑問となる。ランズベルクは、その理由の一つとして、この本の執筆時期にツァハリエの特色が最高度に発揮されたという点をあげている（拙著『比較法学の歴史と理論』一六頁注二参照）。

一〇年ほど前、ドイツで比較法の歴史を研究中、この事実を知って、はっとした。現在でも、学者の能力の最盛期があるのではないか。法学者にとって、それはいつごろであろうか（ちなみに、ツァハリエが民法教科書を書いたのは、三〇代の後半である）。

数年前、「週刊朝日」で愛読していた高峰秀子さんの「わたしの渡世日記」のなかで、つぎのような世阿弥『風姿花伝』からの引用文が目についた。

「三四、五　この比《ころ》の能、盛りの極めなり。ここにて、この條々を極め覚りて、堪能になれば、定めて、天下に許され、名望を得つべし。もし、この時分に、天下の許されも不足に、名望も思ふほどもなくば、いかなる上手なりとしても、未だ、誠の花を極めぬ爲手《して》と知るべし。もし極めずば、四十より能は下るべし。それ、後の證據なるべし。さるほどに、上るは三四、五までの比《ころ》、下るは四十以來なり。返す〴〵、この比、天下の許されを得ずば、能を極めたりと思ふべからず。」（岩波文庫版一八頁より引用）

私もかねがね三五歳位が法学者の才能の絶頂では

ないかと思っていたので、能についての世阿弥の言は、わが意を得たものであった。私見によれば、三五歳というのは、学者としての研究歴が一〇年に及び、内外の学界の水準に達する年齢である。しかも、なお気力、体力充実し、独創力豊かな時期である（世阿弥も「この比は過ぎし方をも覚え、また行く先きの手立をも覚る時分なり。」と附言している）。おそらく、その時期は一〇年前後続き、以後下り坂になる（もちろん、個人差は大きい）。

もし、私の仮説に多少とも真実性があるとすれば、三五歳前後の学者が大論文を書くことが、学界の進歩に貢献することになろう。それを実際やっているのは、ハビリタチオンといわれるドイツの大学教授資格取得制度である。ドイツでは、大学教授となるには、学位論文のほか、大学教授たるにふさわしい能力を示す大論文を書かなければならない。早い人は二〇代で書いてしまうが、現在では三〇代の半ばに書くのが通常である。このハビリタチオン論文がドイツ法学の進歩をささえていることは、いうまでもない。

わが国ではこの種の制度はなく、助教授がトコロテン式に教授になるところが多い。しかし、近時東大法学部など、教授就任に本格的論文を要求するところが見られるようになってきた。私見からすれば、わが国の法学の進歩のために、これは評価に値しよう。真打の粗製乱造をめぐって、落語協会から落語三遊協会が独立したことは、もって他山の石とすべきであろう。

八　札幌大学と北海学園大学

札幌大学（一九八九〜九九）

――それでは、北大を終わって、その次の札幌大学のことを。

五十嵐　そうですね。北大から札幌大学に移ったわけですが、北大時代はずいぶんたくさん遠くからオファーがあったので、この調子なら定年の時に、もっとたくさんオファーがあるのではないかと思って、密かに期待はしていたのですが、よそからは、全然なくて。駿河台大学の田中実さんとは若いときから親しくしていて、彼が駿河台大学の法学部の中心人物であったので、彼から、学部が出来た後に、更に補充するために来てくれないかという話があったのです。これちょっと、心動くところがあったのです。というのは、駿河台大学のすぐ近くに、家内の姉妹が二人暮らしていたのです。

田中　実
（1921〜1993）民法、慶應義塾大学教授、駿河台大学教授。

西武池袋線の飯能の近くに二人いるものですから。ちょっと心が動いたのですが、娘がずっと札幌に居ついているので、そこを離れるのもどうかと思い、これはお断りしました。後は、札幌だけになります。札幌の私立大学の全部からいろんな形でお話がありました。最初は札幌学院大学。これは荘子邦雄さんが法学部設立当時の学部長で、荘子さんとはずっと前から親しくしておりました。実は荘子さんと私と同じ時期に、日本学術会議の会員をやっていた。よく

小林　充
（1934～2013）刑事法、裁判官退官後、弁護士、東洋大学教授、北海学園大学教授。

二人で夕食をとりました。その荘子さんの愛弟子で、北海学園の法科大学院で同僚になった小林充さんは北大法学部の学生でも歴史に残る大秀才で、新制になってから四年生で司法試験に合格した、数少ない一人です。彼を呼び出して、三人で飲んだこともあります。それから小林さんが、仙台高裁の長官をやった時は、私が仙台に講義に行った折りに、これまた三人で仙台で一緒に食事をするということもあって、荘子さんに頼まれたら断るわけにいかないので、定年後は札幌学院大学に行くという契約は一応したのです。これは片務契約で、札幌学院大学の方は解約できない。私の方はやむを得ない事情があれば解約できる。こういう契約になっていたのです。つぎが北星学院で、法律関係の科目を充実させるために

北大退官謝恩会、妻と花束贈呈をうけたあと。1989年２月25日、京王プラザホテルにて。

来てくれないかという話を、私の弟子の矢吹徹雄君と、それから、石川恒夫の二人から頼まれ、北星の方が、札幌学院よりは私の家から距離が近いので、それもいいかなと思ったのですが、ただ、こちらは学部を拡張するということで、文部省にはっきりとした計画を出さなければならない。それに名前を連ねたら、辞退できないことになるので、やはりそこまではちょっと決めかねるというので、これは断りました。そうこうしているうちに、札幌大学で法学部を作るという話になって、札幌大学の英語の先生が私の高校の後輩で、これも親しくしていて、その人からそういうことになった場合には、五十嵐先輩頼みますよ、という話はありましたが、結局そういう風に話は進まず、札幌大学では、法政大学の青木宗也さんに頼みにいったのです。だいたい札幌大学は、明治大学のOBで悪名高き実業家が作ったのです。この人についてはもっと評価してもいいのではないかと思うのですが、設立当初の人たちは、その設立者との間で苦労したようで、そんな気持ちは全然ないようです。それで内山尚三さんを学部長にということで、私の全く関係しないところで話が進んだのです。ところがその後、札幌大学で政変があって学長が別の派閥の人になり、それまで中心的に進めていた堺鉱二郎さんが失脚したのです。そこで、内山さんが腹を立てて、俺は辞めると言い出されたのです。それで札幌大学の新生執行部が私に学部長をやってくれないかという話になりました。どうしようかなと思っているうちに、内山さんから私に電話が来まして、撤回を撤回するという。それなら、私は札幌学院大学の方に行こうかと、思っていたのですが、学長の方から、文部省の審査でいろいろクレームがついて、何人か不適任ということになったので人事を補充しなければいけない、それ

石川恒夫
(1932～　) 民法、北星学園大学名誉教授。

青木宗也
(1923～1995) 労働法、法政大学名誉教授、法政大学総長。

堺鉱二郎
(1940～2013) 労働法。社会保障法。法社会学、札幌大学名誉教授、作新学院大学名誉教授。

から民事法の入門講義を内山さんが担当することになったのですが、学部長で忙しいのに、そんな授業を持つのはダメとか言われたりして、民法関係の科目も一人必要だということになり、なんとかこちらに来てくれという風に話は進みました。札幌大学は私のうちから車で行くと五分ぐらいのところにあったのに対し、札幌学院大学は非常勤でよく通っていたのですが、札幌大学まであと一〇〇メートルとかいう案内板を見たところから三〇分くらい行かないと学院には到達しない。夏はいいけれど、一回猛吹雪の時がありまして。本当に学院の近くというのは、もう、吹雪だと一寸先も見えない。あれは本当に恐怖を感じました。よく無事で帰ってこられたなという恐怖感があるものですから、これから一〇年前後、学院に通うのは大変だと。契約が片務契約だから（笑）それを利用してやむを得ない理由ということにして、札幌学院の方を断って、札幌大学に行くという、そういういきさつがあったのです。札幌大学は、設立当初の内山さんとか、小林孝輔とか、原隆とか。有名人が揃っておりますし。私個人的に親しかったのは、吉田明さんという、協栄生命の重役をやった方を、保険法の講義担当者としてお迎えしました。

小林孝輔
（1922～2004）憲法、青山学院大学名誉教授

原　隆
（1931～2003）ロシア法、家族法、札幌大学教授

吉田　明
（1927～2006）保険法、協栄生命取締役、札幌大学名誉教授。

授業のこと

五十嵐　札幌大学に行ってから、私も心を改めまして、学生に判るような講義をするように努めました（一同笑）。北大の時はそういう考慮が一切なくて、私の講義は、ある意味では東大に負けない講義をしようという、つまらぬ考えがあって、普通の学生には非常に理解困難で

あったと思っております。たまたまいろんな事情で、私が、北大と、北海学園大学と、両方で家族法の講義をやるという事態になったのですが、その時に二つの学校でレベルを変えてやったのです。講義して試験をやってみたら、どっちもダメという（一同笑）。本当にがっかりしました。つまり北海学園でやった講義を北大でやって、北海ではもう一つ下のレベルでやればよかった（笑）と思いました。札幌大学では、こちらは最初から腹を決めて、わかるような講義をやろうとあい努めました。それはそれなりに成功したかなと思います。札幌大学では、私は新入生に対し、「法学」のほかに、「私法学原理」という科目を二クラス担当しました。この科目は、新入生が民法や商法など私法の専門科目を受講する前に、それらの科目の基礎を教えるためのもので、新しい法学部にとって目玉となる科目です。このため私は、北大ではやったことのない、民法の条文の読み方から始め、どうすれば、新入生が民法の基礎をわかってくれるか苦労しました。その甲斐もあって、民法を担当された山口康夫（国士舘大学）さんから、「先生の授業を聞いた学生はすぐわかる」というお褒めの言葉をいただきました。この経験を生かしたのが『私法入門』で、おかげでロング・セラーになっています。

それから、ゼミの方がもっと問題で、結局市販の教材で札幌大学クラスの学生に適当な教材は売られていないのです。なければ自分で作るという考えを持たなければいけなかったのだが、北大時代は全然そういう考えがなかった。私は札幌大学時代はパソコンを使わなかったのですが、なんとかワープロが使えたので、前よりは教材を自分で作りやすくなった。ちょうど札幌大学での最後の頃、講義の途中で二月ほどドイツに行くことになり、その後を松久三四彦君

（北海道大学）に頼んでやってもらったのですが、教材は作ったものがありましたからそれを使ってもらいました。松久君はずいぶんその教材に感心していました。だからあれでちゃんと一年分の教材を作って、どこかの出版社から出してもらったらよく売れたのではないかと思いました。そこに至らないうちに、札幌大学の任期が切れてしまったのです。

北海学園大学（二〇〇五〜〇八）

五十嵐　それから北海学園大学ロースクールで、三年間やったのですが、今度は、外からの圧力で、予めシラバスを作るとか、それを何日か前にやらなければいけないとか、それは事務でとっておいて、審査にかけるとか、そういうような状況におかれて、自由が全くないということになったのですが、あらかじめシラバスを作るというのはいいことだと自分でやってみて初めてわかって、北大時代からそうやればよかったと、今日は何をやるかを、あらかじめ学生にも知られていることは、どんなにいいかとやっと思ったのです。北大の時は、時間が来たらはじめて、時間がきたらどんなに途中でも辞めて、次は次回という、そういう講義の仕方をしておりました。本当に学生に対して申し訳ないという思いでいっぱいです。もう一回大学の先生になれるなら（一同笑）、講義にもう少し力を入れればよかったと、後悔するばかりです。

五十嵐　北海学園大学の法科大学院のほうに移ったいきさつは、法科大学院創設のために中心になって尽力してこられたK君が、管理職が続いたこともあって研究業績が足りず、文科省から不適格とされました。このため、急きょ代わりを見つける必要があったのです。そこでどういうわけか私に白羽の矢が立ち、日ごろ親しくしている数人のスタッフが私のところにやってきて、先生が引き受けないと法科大学院ができないと脅かされました。いくらなんでも八〇歳になってからでは少し無理かなと思いましたが、三年間なら何とかなると覚悟してお引き受けしました。ただ、講義がK君がやる予定だったところをやらなければいけないのですが、かれは担保法が専門なのです。私は担保法が一番苦手なので、本当は別のところをやりたかったのですが、空いているのはそこしかないということで、やむを得ずお引き受けして、三年間やりました。ただ言えるのは、三年間一度も休講がなかったことです。学会にもちゃんと出ていたのですが、それにも拘らず、一度も休講がなくて。体も壊さなかったということになります。それだけが唯一の取り得で、内容は非常にお恥ずかしい次第です。法科大学院では、学生の評価というのがあります。ああいう制度は私個人としてはあってもいいかと思っております。私の場合は大体私の考えているところと、アンケートの結果はほぼ一致しており、やはり私が不得意だと思うところは、低い評価が与えられており、全く根拠がないわけではないと思っております。しかし北大でも札幌大学でも、その間は朝から晩まで研究室におりまして、学生がいつ来ても対応したのですが、北海学園の時は家内が認知症だという問題もあり、最小限度、授業の時しか研究室に来ないということで、本当に指導が足りなくて申し訳ないという気持ちでいっぱいでした。今までのところ比較的司法試験の合格の成績がいいということは、諸先生方のご努力の賜物だと思っております。私の役割は最初の入学当初の未修の学生を相手に、民法の講義をするということでしたが、結局合格した顔ぶれを見ると、やはり最初からできる学生が合格した。そうでない人はなかなか合格しないという、そういうことにつきます。だからどういう人が入ってくるかで結果が決まると思うので、これからも法科大学院をやる人は大変と思います。

九　共同研究その他

山田　共同研究かなんかをおやりになっていたら伺いたいのですが。

五十嵐　私は、あまり共同研究というのはやらないのです。特に私が中心になってというのはほとんどないのです。

――そうですか。

五十嵐　今の時代ともちょっと違うのです。文部省からお金を貰うために、形の上では、やったにしても実際が伴わないこともありました。

不動産登記制度研究会

共同研究に加わってと言うのでは、篠塚昭次さんとやったのが二つあります。

篠塚昭次（1928～　）民法、早稲田大学名誉教授。

登記制度研究会。前列左から篠塚、原島、小林(三)、谷口、五十嵐、後列大西。1978(昭53)年11月、銚子にて。

一つは不動産登記制度の研究、これは主として物権変動についてのいろんな問題を議論するという会でした。

――ジュリストの座談会にあります。

五十嵐　ありますね。なんで私が加わったかというのが問題なのです。そちらの方にほとんど業績がなかった。これは篠塚さんとの個人的な関係。それから北海道の人を入れると旅費がたくさん貰えるからね。たぶんそういうことで、私と原島が加わったと思うのです。全国から。しかし私以外はみなさん専門家で、何度も集まっていろんな場所で議論をしました。これは本当にとっても面白かったですね。当代一流の学者が集まったのですから。一番議論が強かったのは、誰だと思いますか？

――鈴木さん……？

五十嵐　禄弥はね、あまり積極的にこの研究会には加わりませんでした。

――篠塚さん？

五十嵐　篠塚はあまりしゃべらない。

――しゃべらない？

五十嵐　好美清光と、石田喜久夫。この二人は議論が強かったですね。それから川井健君は、みんなが議論しているときはだまっているのだけど、最後になって、発言して、今までの議論を全部ひっくり返すという（一同笑）、そういう能力が北大にいた時もあったのですが、あの研究会でもそういうところがあったと思います。

好美清光
（1929～　）民法、一橋大学名誉教授。

石田喜久夫
（1928～2001）民法、神戸大学名誉教授。

山田　私もこれ誘われたのですけれども、確か海外で参加できませんでした。

五十嵐　これほんと、面白かったですね。私が個人的には原島君と親しくなったのはこの会を通じてなのです。話をしていたら、なんだお前……僕は原島さんていうのは九大ばかりだと思っていたものです。そしたら彼も昭和一九年の一〇月に東大法学部に入って、一緒に末弘先生の講義を聴いたのです。それですごく親しみを感じましてね。いろんな話をして気が合うものですから、それから随分親しくなって今日に至っています。これも篠塚君のおかげです。篠塚との関係は、向こうから、ベッターマンの「独立の領域としての住宅法」というパンフレットがあって、これは、私も出た後にすぐに手に入れて、まだ東大に居た頃に、内容の紹介したことがあるのですが、それを彼が訳して送ってくれたことがあるのです。それを見たらひどい訳で（笑）支離滅裂なので、ずいぶんこっぴどく批判して顔洗って出直せ！というような返事を出した覚えがあるのです。そうしたらここから先が並みの人と違うのでしょうかね、これからよく勉強しますから、指導してくださいと。そういう話になって、それから親しくなったのです。

それから、水本浩さんともそうなのです。水本さんも個人的には全然知らなかった。あの人も東大出た人だけれども、研究室に残った人ではないのです。だから全然私たちと交流はなかった人なのです。私の弟子の山之内一夫という裁判官になった男が、修士論文に「不動産賃借権の譲渡・転貸の自由性について」という修士論文を書いたので、それに手を入れて、途中まで北大法学論集に出しているのですが、そのイギリス法の部分にまちがいがあると指摘され

ベッターマン（Karl August Bettermann: 1913-2005）民法、民事訴訟法、公法学者。私講師、員外教授を務める傍ら、裁判官として活動。一九五四年から二年間連邦行政裁判所判事。その後、ベルリン自由大学、ハンブルク大学教授。

水本　浩（1920~1999）民法、立教大学名誉教授。

ました。そうかと思って、あわてて原文を出して、見てみたら間違ってなかった。間違っているのはお前の方だろという（一同笑）。それから親しくなった。面白いものですね。ありきたりな返事を出したら、そういう関係はなかった。こっぴどくやっつけたので。

山田　水本さんも下級審に少数意見が見られるようになったと書いてあったからびっくりして、なんか下級審の意見を出してもいいのだということが書いてあることがあるのですね。短いものですが。ちょっとあの人そういうところがあったのです。

五十嵐　水本さんを北大に呼ぼうかと思ったこともあったのです。そしたらね、彼のお嬢さんが女子学院に。

――イギリス人と結婚された？

五十嵐　あっそうですか？　女子学院に入ったという、そういう情報が入ってきて。あれは超一流の女子校ですから。そこへ娘さんが入ったのでは、札幌に来てくれる可能性はないと諦めたことがあるのです。

災害法研究会

五十嵐　そこで、登記制度の研究会が終わったあとで、その延長戦で何かやろうということになって、災害法研究会というのをやりました。今度は甲斐道太郎さんが、責任者になって、池田恒男君（龍谷大学）が、事務局長になって、それも二～三年やって。これには谷口知平先生も入っておられましてね。谷口知平先生も八〇歳くらいになっておられたのではないかと思

甲斐道太郎
（1925～　）法社会学、民法、大阪市立大学名誉教授。

うのですが、ほとんど全部の研究会に参加され、感心しました。災害地というのは観光地でもあるので、結局日本全国の観光地を二年間で周ったという（一同笑）、そういうことになりました。観光も十分楽しんで、それぞれの地方の食事も食べて。

――甲斐先生は、どういう風にみておられますか？

五十嵐　どういう風にって？　いや甲斐さんはよくやってくれましたよ。甲斐先生は私と同年でしょ？

――同じくらいです。お元気ですよね。

五十嵐　ああそうですか。彼も、奥様が認知症で、うちの家内よりも先にそうなって。うちの家内よりひどかったのではないですか？　ちょうど土地法学会の中国旅行で一緒になりましてね。最初の時だと思うのですが、どっちかな？　二回目かな？　私の方も甲斐さんのほうも、夫婦で参加して、甲斐さんはカラオケがお得意でね。バスの中でご夫婦でデュエットを（一同笑）、ご披露してくれました。あんなにお元気だったのに……。

書評と論文紹介

山田　先生はずいぶん他人のご本の書評をよくやっておられて本当に感心しているのですけれども、実に立派な山田晟先生のドイツ法。それから、大木雅夫さんの比較法にしろ。あれだけ丁寧な仕事をよくされますね。

五十嵐　丁寧に読むというのがモットーです。何よりもね。それから一歩も出ないというのがあって、特に法制史研究は批評が主だからね。それでなければダメなので。

―― そんなことないですよ。

五十嵐 いやいや、あなたのは本当に良く書けているなと感心しているのです。とてもああいうものはぼくには書けない。紹介が主になってしまって、あとはつけたしという。

―― その延長線上に「比較法研究」にドイツ法の研究論文を二八年間紹介された。あれはちょっとできないことですね。

五十嵐 あれはね、私も感心しているのですが、それがよかったか悪かったか。というのは、学会にとっても私個人にとっても、問題だと思います。最初は自分なりにドイツ法全体というのが頭にあって、それを前提として一つの著書論文の紹介を書けたと自分では思っているのですが、そうでないのはかなり勉強して書きました。当時まだ日本語の文献がなかった大きな問題として、一つは唄さんが後に詳細に取り上げた、インフォームドコンセントのドイツ版です、それからもう一つは米倉君が助手論文で取り上げた、所有権留保法です。この二つは日本語の先行論文がなくて、一から始めなくてはなりませんでした。最初の頃はなんとかそれだけの力はあったと思いますが、だんだん文献が多くなって、こちらの時間も足りなくなってくると、結局木だけ見て森が見えなくなったので、もう少し早く辞めた方がよかったと思っているのです。

―― 先生は、若手の論文も含め、新しい業績を驚くべき丹念さで読んでいらっしゃいます

米倉　明
（1934～　）民法、東京大学名誉教授。

が、かつてはデータベースも不備な中、どのようなやり方で新しい業績をフォローしておられたのでしょうか？ 若い研究者に参考になる、学者の「知的生産の技術」のようなものをご披露いただけませんか？

五十嵐 私の若いころは、法学に関しては、内外とも文献が少なく、新文献の発見にそれほどの苦労はしませんでした。日本の文献については、「法律時報」の「文献月報」が最大の拠り所でした（いまでもそうです）。外国については、丸善、紀伊國屋、国際書房などから送られてくるカタログが中心でしたが、あとは北大に入ってくる外国の雑誌、とくに比較法雑誌の広告や書評に注意していました（ちなみに、ドイツについては、「法律時報」の「文献月報」の元となったユリステンツゥング（Juristenzeitung）の文献目録をいまも利用していますが、最近は実務書ばかりで、あまり役に立ちません）。とくに書評の果たした役割が大きかったと思います。最近は、外国の雑誌でも、書評が少なくなり、残念です。最近のデータベースには、私はついていけません。

――日本の法律学の今後を考えたとき、これからの法学研究者に対して、どのようなことを望まれますか？

五十嵐 法学部に入るということは、私もそうでしたが、学者になることを諦めることを意味しますので、それにもかかわらず法学研究者になる道を選ばれたかたには、心から歓迎の意を表したいと思います。幸い、法学部は先生のポストはかなりあるのに、学者希望者が少ないので、就職の心配は少ないといえます。それでも、これも私の場合もそうでしたが、就職のために有利なテーマで論文を書くことをお勧めします。どこでも就職したら、あとは自由に研究する余地がありますので、自分の好きなことをやってください（ただし、法科大学院では、教育に時間をとられるので、そうはいかないかもしれません）。比較法の分野では、未開拓の余地がたくさんあり、若いかたの進出を大いに期待しています。

教育と弟子たちのこと

―― 最後の教育で、お弟子さんを養成されたり、或いは自慢のお弟子さんらの話をお願いします。

―― 直弟子じゃないからね。

五十嵐　まあ、最後に弟子たち、教育の方ですかね。ここに書いた四人と、それからもう一人、石川武先生の息子さん。石川真人君（久留米大）も、一応形式的には私がいる間は私が指導教授。私の定年後は小川君にお願いしたのですが、彼は我々よりは小菅先生の弟子だと。

―― かもしれないね。

五十嵐　まあそういう意識が強いと思うので。そうしたら石川真人君は私の門下生とはいえないですが、四人が形の上では、少なくとも修士段階で指導したのです。浅見さんは北大の工学部教授のお嬢さんで、毛並みはいい、すごく頭のいい人ですけれども、研究者としては業績が少し足りないですね。それから一つ飛ばして佐保雅子は元々理学部出身で、理学修士を取っ

浅見公子（1933～　）比較法、英米法、成城大学名誉教授。

佐保雅子（1931～2010）比較法、中京大学名誉教授。

てから法学部に学士入学で入ってきて。この人もすごく頭のいい人で、随筆をかかせたらうまく書くのですが、論文を書くのが得意でなくて（一同笑）、結局ほとんど論文らしい論文がありません。

——ロシア語が得意だったのですね？

五十嵐　ロシア語が読めるということです。従ってどうも女性の学者でほとんど学者らしいのはいないのです。それよりも、千葉恵美子さん（名古屋大学）、彼女は形の上では藪先生の弟子だけど、私の弟子といってもよく、本人もそう思っていると思います。彼女は、岩見沢東高校出身で、北大の文系にトップで入って、そして法学部に移行する時も一番で。彼女と、それから松久三四彦と、この二人同期なのですが、北大に入ってすぐ小山

第１期大学院修士卒業記念。前列中央が井田恵子。1955年３月21日。

先生のゼミに入ったのです。やはりこれが非常に大きかったと思います。二人にとって。小山先生というのは大変な人で、その薫陶を受けた二人は法学部に一年半で移行してくるのですが、その段階で、法律相談は一人でやれるぐらいの能力を持っていました。そういう意味では私はもっと期待していたのですが、今の程度でもいいかなと思います。それから、半田正夫ですね。半田正夫君についてはなにかの論文集に私が書いたものがあります。

―― 記念論文集が還暦と古稀二つ出ている。

五十嵐 そこ（還暦記念論集の別冊）に書いた通りだと思うのです。彼は司法書士の息子さんで。お父さんは、私が知っている段階では北海道司法書士会の会長さんで彼はその息子だから、苦労なしに育ったのかと思ったら、彼の書いたものを見ると、お父さんも若い頃はずいぶん苦労されたようで。それで、研究対象として、著作権法を自分で選んで、成功したという人ですね。それから最後の矢吹徹雄君は、これまたお父さんは札幌では超有名な弁護士で、地労委の会長を長年やっていた方です。裁判官あがりの方ですが、その息子で、お父さんは中央大学の出身なのです。お父さんは息子も中央大学に入ってほしかったようでしたが、本人は、中央大に行く意思は全然なくて、最初から北大一本で、中央大学の入学試験は白紙で出したという噂が（笑）飛んでいます。本当かどうかは確かめてないですが。これも数年に一人という秀才です。

―― もう一人、井田恵子さんのことを。

五十嵐 井田恵子さんについてはジュリストに書いています。さっき配ったのに出ていると

半田正夫（1933〜 ）知的財産法・民法、青山学院大学名誉教授、弁護士、元青山学院大学学長、元学校法人青山学院理事長。

井田恵子 二〇二頁参照。

向井承子
（1939〜　）ノンフィクション作家、医療その他をテーマとする多数の著作がある。

思うのですが、法学部としては女子学生第一号で、ちょうどその最初の講義である民法の講義が終わった後、私のところにやってきて、私一人だけ女子で、周りに知っている人もいないから、先生のご指導をお願いします、ということで、特に井田さんについては、特別に面倒見てやった。さっき北星短大の話がありましたが、私が留学中は、井田恵子――当時は大越と言っていましたが――大越さんに代わりの講義を頼むということでした。私の留学中に司法試験に受かりまして、新聞に、北海道の女子で司法試験合格第一号として非常に大きく取り上げられ、家内からその新聞を送ってもらいました。それで修習中に夫となる人と知り合って、それが京都大学出身の人で、それで、京都の人と北海道の人が結婚したものだから、間をとって東京で開業する。それがなんでも第一号というような形で、最高裁の女性裁判官第一号を期待した向きも多かったのですが、残念ながら六〇そこそこで亡くなりました。それからもう一人が向井承子。向井さんは神田孝夫君（北海学園大学）と同期なのです。だから、三六年組というのはいかに優秀な人がたくさんいたかということになるのですが。よくできる子でしたね。結婚式の挨拶に私が「この人は結婚しても、ただの主婦に納まる人じゃない」と、予言をしましたら、その通りになったのです（彼女はノンフィクション・ライターとして活躍しました）。

井田恵子さんを偲ぶ

（一九九四年二月ジュリスト一〇三八号）

昨年の一二月一日、日弁連の前事務総長井田恵子さんが亡くなった。闘病生活一年半とのことなので、本人とご遺族はそれなりの覚悟をしていたように思われるが、遠くに離れていた私にとっては、文字どおり青天の霹靂であった。恵子さんは私の北大における最初の教え子なので、この欄をかりて生前の遺徳を偲びたい。

一九五一年一〇月、私が北大で初めて民法一部を講義したとき、（旧姓大越）恵子さんは法学部の女子学生第一号として参加していた。最初の講義のあと、私のところへきて、「女子学生は私ひとりで相談相手がいないので、どんなふうに勉強してよいか分からない。なんとか指導していただけないか」と頼みこんだ。当時私は婦人問題に関心をもち、すでに学生時代にルソーやミルなどの古典を読んでいたので、この役目を喜んで引き受けた。といっても恵子さんが卒業するまでは、ときどき話相手になった程度で、特別に教えたことはなかったように記憶している。ゼミも荘子邦雄教授の刑法をとった。初期の北大女子学生のなかには使命感溢れる人が多かったが、恵子さんはどちらかといえば自然体で物事を処理していた。それでも当時組織された北大女子学生の会の初代会長に選ばれたのは、さすがというべきだろう。

恵子さんは学部卒業後、大学院へ進んだ。宮崎孝治郎教授が指導教官となったが、実質的な研究指導は主として私が担当した。後年宮崎教授と連名で発表された「配偶者相続権の根拠と性格について」（小池隆一博士還暦記念『比較法と私法の諸問題』〔慶應出版、一九五九年〕所収）は、宮崎教授のゼミのレポートだが、恵子さんがほぼ独力で作成したものである。この論文は、今日でも学術論文のなかで引用されるので（たとえば、塙陽子『家族法の諸問題（上）』〔信山社、一九九三年〕二五三頁参照）、家族法学者大越恵子への道も考えられないわけでもなかった。

しかし、恵子さんは法曹への道を選び、司法試験に挑戦し、五五年の秋みごとに合格した。丁度そのとき私はドイツに留学中であったが、家内からの最初の手紙でこの朗報を知った。北海道初の司法試験女性合格者として、新聞に大きく報道されたとのことである。私が帰国したときは、札幌で司法修習中であったが、あるとき結婚の相談を受けた。前期修習中に京大出身の修習生と知り合い、その人と結婚すべきかどうか迷っているとのことであった。ご夫君の井田邦弘さんに申し訳ないことながら、そのとき私はあまり賛成する気持ちにはなれなかった。その理由の一つは、恵子さんにはぜひ今後も北海道にとどまって、婦人の地位の向上のためリーダーとして活躍してほしかったからである。だが私の願いも空しく、二人はまもなく田畑茂二郎教授の媒酌で結婚し、京都と札幌の中間ということで東京に共同事務所を開いた。「北海道の大越恵子」は育たなかったが、その代わり「日本の井田恵子」が誕生することになったのである。

弁護士としての恵子さんについては、私より語るにふさわしい人は多い。私の手元には、恵子さんについての新聞記事の切り抜きが三部保存されている。その切り抜きは、一九七〇・八一・九一年とほぼ一〇年ごとのものである。いまそれを読んでみると、一〇年ごとに人間が一回り大きくなっていることを痛感させられる。邦弘さんとはその後何度かお目にかかる機会があったが、万葉集を愛する万年文学青年で、文章もうまく、どちらかといえば無粋な恵子さんのハートを射止めたのも当然である。お二人は協力しあって家庭と仕事を両立させ、模範的な家庭を築いた。恵子さんにすばらしい生涯を与えてくれた邦弘さんと二人のお子様に心から哀悼と感謝の意を表したい。

一〇　余　暇

五十嵐　私は基本的には研究一筋でこれまで過ごして来ましたが、朝から晩まで研究に従事していたわけではありません。たとえば、特別研究生時代には、日曜を含めて、毎日夜まで研究室で過ごしましたが、その間、適当に外出していろいろなことで時間をつぶしました。かといって、今日でも、何が趣味かと問われても、答えが出てきません。若いころ、来栖先生に「五十嵐さんはいろいろできるけれども、これはというものがない」といわれたことがありますが、その通りです。人名録などの趣味欄では、いちおうスポーツを挙げておきましたが、これも一つにはしぼれません。どんなスポーツをやったか、お話しします。

水　泳

五十嵐　最初は水泳です。これも、幼少時代を北海道で過ごしたため、小学校の三年生で新潟に戻った時は、クラスで唯一の泳げない生徒でした。ただ、自宅が浜から歩いて五分くらいのところにあったので、海水浴に恵まれていました（この浜は、現在は遊泳禁止です）。そこで七月から八月にかけて、毎日海に通いました。四年生の夏休みに入ったころに、やっと泳げるようになったのですが、その後はどんどんうまくなりました。平泳ぎしかできなかったのですが、毎日三〇分くらい沖まで泳いでいって、だれも付近にいないことを確かめてから、戻ってきました。いまならこんなことは危険で許されないと思いますが、それでは丈夫な子供は育たないと思います。この海水浴は特別研究生の時代まで続きました。北海道へ来てからも、石狩など札幌近辺の海水浴場へはよく通いましたし、家族で泊りがけで道内の海水浴場へ行くのも楽しみでした。特別研究生のころは、暑くなると、同室の山本さんや幾代さんに誘われて、当時第二食堂の地下にあったプールで泳ぎました。幾代さんは水泳の名手で、私はこのときはじめてクロールを教わりましたが、時すでに遅しで、全然上達しませんでした。やはり、最初からプールで育った世代にはかないません。

野球

五十嵐　つぎが野球ですが、中学時代についてはすでにお話ししました。私に初めて野球を教えてくれたのは、五歳年上の次兄です。この兄は、私と違って、運動神経が抜群でしたが、私が小学五年のころ、はじめてキャッチボールの相手をしてくれました。私がいろいろやったスポーツの中で、野球が唯一人並みなのは、次兄のおかげです。野球は大学時代も少しやり、特別研究生時代についてはすでにお話しました。北大では、私の赴任したころは、法学部ではだれも野球をやる人がおらず、腕前は落ちる一方でした。それが復活したのは、一九七〇年代の初め、実方正雄先生（戦前の小樽高商のＯＢ）が小樽商大の学長として赴任してきたときです。実方先生の前任地であった阪神地方では、大阪市大、大阪大学、神戸大学の三校の法学部の先

実方正雄
（1905～1986）商法、国際私法、大阪市立大学名誉教授、小樽商科大学学長、小樽商科大学名誉教授。

生方の間で野球の交流戦をやっていたのですが、それを北大の法学部と小樽商大との間でやろうと提案され、ここに実方杯争奪線が始まりました。当時の北大の中心選手は石川武君（西洋法制史の大家）です（二〇一四年八月死去）。同君は札幌一中（札幌南高校の前身）の野球の選手でした。戦前の北海道の中等野球では北海中学（北海高校の前身）が断然強かったのですが、石川君の時代に一中が北海道大会で優勝し、甲子園大会に出場するはずでした。残念ながら戦争のため大会は中止になり、石川君にとって「幻の甲子園」になりました。ところで、当時の北大は石川君のワンマンチームで、粒のそろった商大には太刀打ちできなかったと思います。私はセカンドをやり、守備もまあ

石川　武
（1927〜2014）西洋法制史、北海道大学名誉教授。

高校時代、文2のサッカー部とラグビー部に属した4名。
前列左・秋広賢治、右・松原諒（まこと）、後列左・私、右・斉藤操。

まあでしたが、打撃のほうは、何とかヒットを打った記憶があります。その後、北大も、運動神経抜群の松村良之君（法社会学・北海道大学名誉教授）や函館ラサール高校野球部出身の佐藤鉄男君（中央大学）など、優秀なメンバーが加わり、他方、商大のほうは、野球よりテニスのほうに関心が移ったので、その後は互角に推移しました（いまはもうやっていないようです）。

サッカー

五十嵐　私が最も本格的に取り組んだスポーツはサッカーです。これは高校時代にサッカー部に所属して本格的に練習したためです。私の高校時代は勉強とサッカーで明け暮れしました。なぜサッカーを選んだかは一つの問題です。いま

サッカーOB 戦。1980年３月16日。

でこそ新潟は、アルビレックスを有し、サッカー熱に取りつかれていますが、私が高校に入ったころはサッカー文化は全く存せず、新潟県でサッカーをやっていたのは新潟高校と新潟医大だけでした。私がサッカーに関心を持ったのは、中学への登校の途中に高校のグランドを通りますので、帰りには各スポーツクラブの練習を見ることができたためです。私たちの野球チームの練習場として、高校のグランドの片隅をよく利用し、野球部員と交流もあったので、本来なら野球部へ行くことも考えられたのですが、臆病な私にとって硬球は怖く、これに対し、サッカーが面白そうだったので、そちらにきめました（なお当時はサッカーという言葉は一般に使われず、蹴球かフットボールといわれていました）。私は中学時代に、本格的な運動部生活を経験しなかったので、毎日放課後は運動に明け暮れるという生活をこのときはじめて経験しました（もっとも当時の新潟は冬は雪のためサッカーはできず、その間は読書に没頭しました）。周囲の人は私が猛練習に耐えることができるか心配しましたが、それは杞憂でした。一年上に佐藤（前田）正治さんという高師附属中学出身の名選手がおり、初歩から丁寧に教えていただきましたが、これまた運動神経のないためか、サッカー自体はあまり上達しないで終わりました。ポジションはサイドハーフでしたが、二年間やってついにレギュラーにならず残念でした。三年生になったら、いくらなんでもレギュラーになったと思いますが、前にお話ししたように、勤労動員のためサッカーをする時間はありませんでした。しかし、この実質二年間のサッカー生活は、私の将来に大きな影響を与えました。寮生活を経験しなかった私にとって、サッカー部生活は高校時代の唯一の団体生活でありましたし、またサッカーを通じて体力と精神力を養

歩くスキーをはじめた頃。1983年2月23日、西岡オリンピックコースにて。

うことができました。音に聞く海軍予備学生の猛訓練も、サッカーの試合や練習の辛さに比べると、大したこともないと感じました。

サッカーについても、卒業後三〇年くらいたってから全国の高校のOB戦が毎年開かれ、私も何度か参加しました。わが新潟高校のサッカー部は、全国でも一番弱いチームでしたが、それでも佐藤先輩はじめ、毎年一人くらいは名選手がいました。OB戦となるとだいたい一〇年くらいの範囲の選手が集まりますので、新潟高校もけっこう強く、他の高校と互角に戦うことができました。しかし、サッカーは六〇になるとさすがにきつく、OB戦も欠席するようになりましたが、六〇代で活躍したOBも多く、上には上があると感じました。

スキー

五十嵐　札幌へ行って始めたのは、まずスキーです。私の子供のころは、新潟市でも雪が積もり、スキーもできました。まえに話の出た高校前の坂（異人坂）でもスキーができ、東京から来た新入生にとって、この坂をスキーで滑り降りることができるかどうかが、腕試しの対象でした。私はここは中学生時代から滑ることができましたし、浜辺もスキー場でした。しかし、本格的なスキーをするには、少し遠くへ行く必要がありました。私にとっては、高校二年の冬に、柔道の先生に連れられて級友二名と一緒に蔵王へ行ったのが、本格的なスキー場へ行った唯一の経験です。その時から、もし北海道へ行けたら本格的なスキーを楽しむことができると期待していました。

札幌での最初の年は、ともかくスキーを買って近所で滑ることでした。最初の公務員アパートは藻岩山の近くにあり、いたるところでスキーができました。二年目には山畠君が赴任してきました。彼は帯広の出身で、そこでは雪が降らず、彼はスキーの経験なしに金沢の四高へ行ったところ、おまえは北海道から来たのだからスキーができないはずがないということで、むりやりスキー部へ入れられたそうで、そこで距離競技をやりました。それでも滑降・回転も私よりうまく、絶好のスキー仲間になり、一緒に春香山（札幌と小樽の間）やニセコへ行き、スキーの醍醐味を味わうことができました。ただ、当時は後の大塚龍児君（北海学園）や松村君のように本当にうまい人は法学部にはおらず、残念でした。いずれにせよ私のスキー術はあまり進歩せずに終わりました。そこで人生の後半は、スキー場で滑ることはあきらめて、もっぱら「歩くスキー」をやることにしました。さいわい一九七四年にようやく新築した拙宅は、冬季オリンピックのスキーの距離競技の行われた西岡競技場に近く、歩くスキーのための場所探しに苦労しませんでした。ただこのコースは起伏が激しく（したがって、現在は使われていません）、七〇代に入ってからは辛くなり、このためこれまた近所の真駒内公園の三キロのコー

大塚龍児（1945〜　）商法、北海道大学名誉教授、北海学園大学教授。

法曹テニス。1978年９月15日、盤渓にて。

スを利用するようになり、八〇代の初めまで何とか楽しむことができました。

テニス

五十嵐　さて最後に登場するのは、結局一番長くやったテニスです。軟式テニスは中学時代からやり、興味はあったので、高校で選んでもよかったのですが、なんとなくテニスは女子供のやる遊戯のような感じがして、それよりも男性的なサッカーを選んだのですが、硬式テニスを始めてみて、これがいかに間違った判断だったか、よくわかりました。北大には、小山昇という一高時代のテニス部の選手で、おそらく日本の法学者の中で最強のテニスプレイヤーである先生がいたのですが、最初の年はみんなでもっぱら軟式テニスを楽しみました。ところが、翌年中川善之助先生の下で、硬式テニスをやっていた山畠君が赴任してくると、みんなで一斉に硬式に転じました。指導者には事欠かず、当時の北大にはいたるところにテニスコートがあったので、毎日のようにテニスの練習をしました。当時も学会の折に全国の学者が集まってテニスを楽しむこともありました。いまでも記憶に残っているのは、小山先生と組んで、当時東大ナンバーワンといわれた兼子一・加藤一郎組に勝ったことです（もちろんこれは五十嵐が小山の邪魔をしなかったからと言われました）。

さてみんながある程度うまくなると、対外試合が必要になります。テニスの場合は、二つの行事がありました。一つは法曹テニスです。どういうわけか裁判官にはテニスのうまい人が多いのですが、裁判所の誘いで、弁護士会と北大法学部の三者の間でテニスの対抗試合を年に二度やることになりました（一九七四年）。その詳細は、最近、弁護士の田中宏君が札幌弁護士会会報二〇一二年八月号に「二人の最高裁判事と法曹テニス」と題し、写真入りで紹介しています（二人の最高裁判事とは、金築誠志・寺田逸郎両氏です。このうち、寺田判事とは一緒に練習をしたことがあります。豪快なテニスでした）。私は初期のころは毎回出場しましたが、ほとんど勝った覚えがありません。いま一つが小樽商大との定期戦（小山杯争奪戦）です。商大との交流は、前述のように野球から始まったのですが、商大ではテニスが流行し、北大との交流を申し込んできました。最初（一九七六年）は北大が完勝したのですが、二年目から互角になり、三年目からは商大が圧勝するようになりました。商大では、テニス部のコートを教員も使うことができ、このため練習量の違いが結果に反映したのです。商大の選手の中には北大出身の法学者として秋山義昭君や道幸哲也君（労働法・放送大学）が加わっていました。彼らも北大の助手時代はそれほどのテニスの名手ではなかったのですが、商大に移ってから飛躍的に上達しました。北大の教官としては、テニスばかりやらないで、もうすこし勉強もしてほしいという思いもあ

秋山義昭
（1942～2011）行政法、小樽商科大学名誉教授、小樽商科大学学長。

りましたが、両君とも研究のほうでも業績をあげ、あっぱれというべきでしょう。その道幸君を北大に引き抜くことで、少しはバランスが取れましたが、大勢は変わらず今日に至っています。この対抗戦には私は北大定年後も参加しましたが、これまたほとんど勝ったことがなく、歴代敗戦数では、未来永劫に破られることのない記録を残しました（なお、この対抗戦については。秋山君の小樽商大学長退任記念『桜と汗と球音と』という冊子に詳しくでています。秋山君はその後まもなく逝去しました。あんなに元気だったのに、信じがたい思いです）。

さて私のテニス歴はこれで終わらず、七〇代に入ってから、近所に住んでいた近藤弘二君に頼んで、彼の属していたテニス・グループに入れてもらい、毎週日曜日に小学校の体育場を使って一〇年ほどテニスを楽しみました。このグループは、テニスを一緒にやるというほか何も共通点がないのですが、上手な人ばかりなので、私も十分にテニスを楽しむことができました。もっともここでも私は群を抜いて下手なのですが、いつも一番うまい人がパートナーになってくれるので、勝つことも多々ありました。私と組むことを少しも嫌がらずに付き合ってくれた皆様にこの場で厚く御礼申し上げます。

近藤弘二（1930〜　）商法、北海道大学名誉教授

社交ダンス

五十嵐　以上が私のスポーツ歴です。勉強以外にやったものとしては、ほかに社交ダンスがあります。四七年の夏休みの帰省中に、市内のダンス教室へ通って、基礎から学びました。音感の悪い私にとっては、これも難行でしたが、一カ月後には何とか基礎を習得することができ

ました。九月に上京し、さっそくダンスパーティーにでて、腕試しをしました。最初はうまくいかず、がっかりでしたが、さすがに金を出して覚えただけあって、しだいに慣れてきました。しかし、ダンスを通じて婚活をやろうとした目論見は達成できずに終わりました。ただ、家内とまだそれほど親しくなかったときに、ダンスを教えてくれと頼まれ、さっそく実行したところ、その覚えの速いのにびっくりしました。今日から見ると、やはりダンスは婚活に役立ったようです。その頃は、私はすでに北大の助教授で、内地留学者として東大の研究室を利用していたのですが、当時研究室で社交ダンスをやる人が多く、時々パーティーをやっていました。ここでもうまかったのは、石川吉右衛門さんで、つぎが半田さんでした。家内と婚約後、家内をパートナーとして踊ったこともあります。

半田輝雄
（1920〜2001）政治学、
岡山大学名誉教授。

　ダンスを覚えてよかったと思ったのは、最初の留学の時でした。フライブルクでは留学生歓迎の催しが何度かなされたのですが、会の後はいつもダンスパーティーが行われました。当時の日本人留学生はほとんどダンスができなかったのですが、おかげで私は対応できました。そのためいろいろな外国人留学生とコミュニケイトをする機会に恵まれ、それぞれの国民性を多少理解することができ、比較法の勉強にも役立ったと思っています。ちなみに、当時ダンスの腕前については、ドイツの女子学生は上手な人ばかりでしたが、アメリカの女子学生は期待に反して下手でした。日本人から見て、一番親しみやすく感じのよかったのはイタリアの女子学生でした。

室内遊戯

五十嵐　室内遊戯の世界では、私は碁は全然だめ、将棋も子供の時に少しやったくらいです。多少なりとも永続したのは、ブリッジだけです。これは最初に雄川さんから教わりました。四五年一月の小泉での勤労動員の時です。寮の部屋で、飯坂君を含め四人でトランプ（たしかツーテンジャック）をやっていたところに、監督補助のような形の雄川さん（当時特研生）がやってきて、そんなつまらぬものはやめて、これから自分がブリッジを教えるからそれをやれといわれ、さっそくブリッジを始めました。雄川さんの名コーチぶりをみて、特研生というのはなんと頭のよい人ばかりなのかと感心しました。私が特研生になったとき、周囲にはブリッジをやる人が多く、私もそのグループに入り、何度も楽しみました。よく一緒にやったのは、雄川さんのほか、同室の山本桂一さん、加藤一郎さん、隣室の伊藤正己さんなどです。北大に来てからも、小山先生などと、非常勤講師の接待のためなどにブリッジをやりました。雄川先生は、非常勤講師として北大に来られた時は、職員などを対象にブリッジ講習会をやってくれ、おかげで当時は北大でもかなりブリッジは普及していました。

映画鑑賞・演劇・オペラ

五十嵐　娯楽では、当時はやはり映画が第一でした。私の中学時代は映画観賞は原則禁止でしたし、高校では、戦争のため見たいような映画がほとんど無く、残念でした。戦後になって、ようやく無制限に映画を見られる環境になりました。まず戦前の名画に心を奪われました。私にとっては、とくに三〇年代のフランス映画が一番興味深いものでした。戦後のものでは、やはりイタリアン・リアリズムに一番関心がありました。日本映画やアメリカ映画（とくに西部劇）にはほとんど関心がなく、ヨーロッパ文化への憧れは、これによりますます強くなりました。日本映画や西部劇もそれなりに面白いと感ずるようになったのは、テレビ時代に入ってからです（「男はつらいよ」も各篇数回は見ています）。

東京時代には、演劇（新劇）にも関心を持ちました。音楽はもともと弱いほうでしたが、東大では、若い、その後有名になった演奏家による生の演奏を楽しむことができ、しだいに関心が高まりました。留学先でも、演劇、オペラ、音楽会などにできる限り出席するよう努めました。一番印象に残ったのは、一九五六年の二月に、カラヤンの率いるロンドンのフィルハーモニーが、モーツァルト生誕二〇〇年を記念したザルツブルクの演奏会からの帰途にフライブルクによって、演奏をしたことです。カラヤンはその後何度も日本に来ていますが、当時はまだそのようなことは考えられなかったので、貴重な経験でした。演劇についても、パリのオペラコミック座やウィーンのブルク劇場など有名劇場を訪れましたが、内容はほとんど理解できませんでした。やはり有名オペラが外国でも一番よく理解できました。

旅　行

五十嵐　つぎは、旅行に移りましょう。私は幼少時から乗り物に弱く、このため旅行らしい旅行はほとんどしなかったのです。唯一の例外は、小学五年の時、父が東京に連れて行ってくれたことです。もちろん今の新幹線時代とは違い、往復は夜行列車で、東京は一泊しただけですが、丸二日間に二重橋、明治神宮、靖国神社、上野、泉岳寺などを回り、その他、プラネタリウムも見ました。当然カルチャーショックの連続でした。省線電車のドアが自然に閉まるなど、恐ろしいほどでした。おそらく父が私を連れて行ったのは、将来東京の大学に入るための心構えを作らせようとしたものと思っています。高校に入ったころは、乗り物酔いも多少改善され、当時の高校生の常として、日本の歴史文化を求めて関西旅行をしたかったのですが、果たせず残念でした。ただ、海軍予備学生になった時、広島県の大竹に入隊しなければならなかったので、その途中、京都で降りて、叔母の家に一泊し、一日目は東山を三十三間堂から銀閣寺まで歩き、二日目は嵐山へ行き、日本の文化に別れを告げました。幸い無事帰国したので、戦後、四七年の春休みに、京大に入学していた親友の大野哲雄君（後の警察の高級幹部）の下宿にお世話になって、京都と奈良を見物し、ようやく思いを達しました。その後、いろいろな機会を利用して、沖縄を含め、全国各地を回り、一度も行ったことのない府県は、宮崎県だけになりました（その他、福井県も通っただけで、降りていません）。

外国旅行は、戦争末期の海軍予備学生としての旅順行が初めてで、それなりのカルチャーショックを味わいましたが、なんといっても大きいのは、最初の留学です。この時はすでに飛行機による渡航が可能だったのですが、文部省の方針として航空運賃は出せないので、船で行くことになりました。当時はとんでもないことだと思いましたが、今から考えると二度とない

アテネ・アクロポリス、パルテノン前にて。1956年４月23日。

経験をさせてもらいました。船は大阪商船の貨客船で、メインは貨物ですが、一〇人前後の客を運ぶことができました。ヨーロッパまで、往きはひと月半、帰りは、スエズ紛争のため、スエズ運河が使えず、二カ月かかりましたが、港に停泊するときは、その間、乗客は港の付近を見物できました。とくに、香港、シンガポール、マレーシアのペナンなどが印象に残りました。私はその後東南アジアへ行ったことがないので、これが私にとっての唯一の東南アジア体験です。船が港に着くと、港湾労働者が一斉に甲板に上がってきて、船員に物を要求しました。船のほうも心得たもので、日本から醤油など彼らの喜びそうなものを用意してきているので、それを渡しました。それが終わってから彼らは働き出します。東南アジアにおける賄賂の日常性を身に染みた感じました。とくにひどかったのは、マニラでした。ところが、マレーシアの二港では、そのようなことは一切なく、まじめな国造りに感銘を覚えました。さて、往きはスエズ運河を通ったのですが、その間、乗客は船を下りて、ハイヤーでカイロ見物をするのが一般でしたので、私たちもそれを実行しました。おかげで

アメリカ、コーネル大学、シュレジンジャー先生ご一家と。1968年５月。

ギザのピラミッドやカイロ博物館などを見ることができました（エジプトには、北大定年後、ツァーを利用して再訪しましたが、この時はルクソールまで足を延ばし、一応エジプト全体を見ることができました）。

フライブルク留学の一年間にヨーロッパ各地をかなり旅行することができました。まずは憧れのパリですが、一九五六年の二月末に、学生団体が主催する「パリ一週間」というツァーを早速利用しました。ルーブル美術館の訪問が第一の目的でしたが、市内の名所旧跡を回ってみて、ナポレオンの影響がまだ強く残っているというのが当時の印象でした（その後、パリには何度も行っていますが、だんだんナポレオンの印象は薄くなりました）。最初の留学時の旅行として、なんといっても印象に残ったのは五六年四月のギリシア旅行です。法律家にとっては、ローマが第一の目標であり、ギリシアは当初の予定では行くつもりはなかったのですが、ドイツ到着早々に会った小林直樹さんからギリシア旅行をしたことを聞かされ、関心があったところ、冬学期終了後の休暇期間に格安の料金で三週間にわたるギリシア旅行ができるという広告

フリッツ・フォン・ヒッペル先生ご夫婦と次男のヴォルフ・カシグ君を訪ねて。
ザンクト・ウルリッヒの山荘にて。

を見て、早速飛びつきました。この旅行は、フライブルクから列車でイタリアのアドリア海沿いにブリンジシまで行き、そこから船でコルフ島を経てピレウスに達するというものです。あとは三週間にわたり、アテネ近辺だけでなく、バスでペロポネス半島を一周するという充実したものでした。私は、ギリシアについては予備知識が不十分で、どれだけ将来の学問に寄与したかは疑問ですが、ともかく私にとっての大旅行でした。肝心のローマについては、八月に学生の企画した一週間のバスによるイタリア旅行に参加することで果たしました。さすがにドイツの学生の企画したものだけあって、学問的に高度な内容でしたが、ローマ法とは縁のない旅行でした。一番印象に残ったのは、フィレンツェのウフィツィ美術館のボッティチェリとヴァチカン・システィーナ礼拝堂のミケランジェロの天井画で、これには圧倒され、以後西欧諸国の代表的美術館は必ず訪れるのが習わしとなりました（今日まで訪れていないのは、ペテルブルクのエルミタージュ美術館だけです）。

最初の留学時の旅行についてはこれくらいにし、次に移ります。いまと違い、当時は外国旅行には多大の資金が必要なため、最初の留学のあとは、一〇年以上外国に行く機会が無く過ごしました。ようやく一九六八年になってアメリカ国務省から招待され、一月半にわたりアメリカ全土を回りました。これは、戦後アメリカ政府の方針で、地方のリーダーにアメリカを見てもらう制度です。私は、その前の学部長時代に多少日米交流に寄与したので、そのご褒美と思われます。通訳付きで全国を回れるため、英語の下手な私にとって何よりの機会でした。そこで目的を、アメリカの代表的なロースクールを回り、そこでの比較法学者に会うということにしました。たまたまアメリカ留学から帰国した伊藤正己さんにそのことを話したら、会いたい先生方に紹介状を書いてあげるといわれ、既知の先生方を除き、多くの比較法学者に対し紹介していただきました。各地で、伊藤からの紹介ということで、大変歓迎されました。本当に伊藤さんにはお世話になりました。この旅行の詳細は、「アメリカにおける比較法の研究および教育の現状について」と題して、公表しています（拙著『比較法学の歴史と理論』一一四頁以下）。その他、随想として「リーノの離婚裁判所訪問記」（法学セミナー一九六九年一月号。本書二二六頁参照）があります。結局これが私の唯一のアメリカ体験となりましたが、やはり貴重な経験で、アメリカ文化はヨーロッパのそれとは異なるところが多いことを実感しました。もっと若いころにアメリカに行くべきであったと後悔しています。

さて、ドイツに戻りますが、二回目の留学（一九六九―七〇年）は、文部省留学で、この時は家族づれで一年間ハンブルクに滞在しました。研究の主な成果は、「ドイツにおける比較法の発展」と題して、これも『比較法学の歴史と理論』に発表しています（一頁以下）。家族旅行としては、七月から八月にかけて、ＶＷで当時の西ドイツを一周したことです。ある国を知るには、車で旅行するのが一番とつくづく思いました。昔の友人に会ったり、ヒッペル先生夫妻をフライブルクの近くの山荘に訪ねたことが、一番の思い出です。つぎが、また一五年飛び、一九八四年、ドイチ先生に招待され、ゲッティンゲンで半年過ごしました。そこでの主な仕事は、学生に対し、四回にわたり、「日本法入門」の講義をすることでした。これには全力を傾倒し、かなりの成功を収めることができました。その成果が後の Einführung in das japanische Recht, 1990 となって実を結びました。この滞在期間中に、ドイチ先生と共同に担当した国際私法ゼミの旅行として、一週間のロンドン旅行に参加しました。これは比較法・国際私法の専門家のための旅行で、当時国会議事堂の中にあった最高裁判所はじめ、多くの法律関係の施設を訪問し、このようなことが気楽にできるヨーロッパの比較法的環境をうらやましく感じました。講義終了後、レンタカーを使って家内とともに再びドライブを楽しみました。今度は西ドイツだけではなく、オーストリアやスイスまで足を伸ばしましたが、還暦に近い年齢ではさすがに疲れ果て、ザルツブルクの近くで三日ほど休養しました。さいごにスイスのエンゲルベルクという保養地で一週間滞在し、疲れをとってから帰国しました。

ゲッティンゲンには、その後、東西ドイツ統一を経た一九九五年にもう一度二カ月滞在しました。今度も、「日本法入門」の講義をするのが目的だったのですが、このほうはさんざんな出来で、最後は聴講者一人になりました。一〇年の間の私の心身の衰えをいやおうなく感じた次第です。このときのもう一つの目的は、東ドイツを見ることでした。私はもともと東ドイツを評価していなかったのですが、その惨状を体験することができました。じつは六九年にも飛行機で西ベルリンへ行き、東ベルリンも半日だけ訪れたのですが、そのとき東側から見たブランデンブルク門を、九五年にはじめて歩いて通ったときは、さすがに感無量でした。その他、旧知のフィッシャーさんがハレの教授になったので、ハレを訪れ、トマジウスの墓（修復中）を見たり、近くのライプチッヒやさらにドレスデンまで足を伸ばしました。

東ドイツへは、その後もう一回、一九九九年に、フライブルクでの同窓会に出席したのち、川井君などと一緒にバスで旅行しました。この時は、前回見落としたワイマルも訪れることができました。ゲーテ崇拝者である私にとって、これでドイツを全部見たという気持になりました。同時にこれは川井君との最後の旅行になりました。

最後に、東アジアについては、北大の最後の時期から札幌大学時代にかけて、たびたび旅行をしました。台湾では、旧知の陳銃雄さん（法学者兼政府高官）を訪ねて、台北を中心に見物しました。中国へは日本土地学会の中国研修旅行に加わり、二度大旅行をしました。一回目は、上海、蘇州、南京、さらに西安に至り、北京で終わるというゴールデンコースを堪能しました。二回目は、シルクロードを探索するという、当時ではかなり思い切った旅行でしたが、中国側の不慣れの連続で、ひどい目にあいました。しかし、西欧に比べて勝るとも劣らぬ中国の観光資源の豊かさに、感嘆しました。韓国へは、ゲッティンゲンで知り合った東国大学の延基栄君に誘われて、一九八九年に、独・韓・日三国の消費者保護法をめぐるシンポジウムに出席する

トマジウス（Christian Thomasius: 1655-1728）哲学者、法学者。ドイツ啓蒙主義の代表者。ハレ大学（法学部）の創設者の一人。法と道徳の峻別、寛容思想の普及、魔女裁判の廃止に力を尽くした。

ため、はじめて訪問し、ソウルのほか釜山や慶州まで足を伸ばしました。翌年から七年ほど、北大の今井弘道君の主催する日韓比較法文化研究会に加わり、毎年、韓国へ出かけ、各地を訪問しました。多分、普通の韓国人よりも韓国をよく知っているのではないかと自負するくらいです。このところ、日本が中国や韓国とうまくいっていないのは残念ですが、私の経験から言えば、これは信じがたいことです。

山田　どうもありがとうございました。それでも正確ですね～。よくあれだけのことをね……記憶されて。二日間にわたり本当にありがとうございました。

五十嵐　いえいえ。どういたしまして。こちらこそ。

リーノの離婚裁判所訪問記（『法学セミナー』一九六九年一月）

　先頃、国務省の招待で一カ月半にわたりアメリカ名地を視察してきた。通訳付きで好きな所はどこへ行ってもよいという、まことに恵まれた旅行であったが、私の専門の関係で、各地のロースクールを廻り、比較法学者と会うことをいちおうの目標としてスケジュールをたてた。しかし、ただ一カ所だけ、ロースクールのない町を訪問することを希望した。それが、ネバダ州のリーノ（Reno）である。希望はかなえられ、旅行の最後の頃の三日間を、あこがれのリーノですごすことができた。以下は、その滞在記である。

　私がリーノについて強い印象をもつようになったのは、民法の講義をはじめた頃読んだバートレット著『結婚は必要か』（寺沢芳隆訳、創元社、昭二七）という本によるところが大きい。バートレットはリーノの地方裁判所の判事として活躍した人で、数千件の離婚事件を担当し、その経験から、離婚の真の原因が何であるかを明らかにしたのが本書である。本書は一九一三年に書かれたが、今日でも興味深いものがある。ところで、バートレット判事が、このように多数の離婚事件を手がけることができたのには特別の理由がある。砂漠ばかりで人口稀薄なネバダ州民がいくら離婚をしても、とてもそのような数にはならない。要するに、ネバダ州の離婚法が手続的にも実体的にも他州に較べて容易であるため、他州の住民が、離婚をするためにリーノへやってくる、というのがその理由である。このことはわが国でもすでに有名であり、読者諸兄も、アメリカ法や国際私法の講義を通じておなじみであると思う。私もこの方面に関心があるので、せっかくの機会を利用して、ネバダの離婚の実態をこの眼で見ようと思ったのが、リーノ訪問の動機である。

　さて、リーノへは、ロスアンゼルスからサンフランシスコへ行く途中に寄った。ロスからリーノへは飛行機の直行便はなく、ネバダ州の最大の都市であり、歓楽の町として有名なラスベガスを経由しなければならない。おかげで、このギャンブルの町を一目見る機会が与えられた。六月一七日、ロスよりラスベガスに飛んだが、飛行機は満員、フランス人の団体客が多かった。モンテカルロとラスベガスを比較するためかもしれない。ラスベガスの飛行場は砂漠の中にあり、町ははるかかなたで、何も見えず、がっかりする。ターミナルの待合室には所狭ましとスロットマシーンが並べてあり、飛行機の時間を待ち合わせている人たちが、さかんに運だめしをやっていた。さすがにネバダ州へ来たという実感がする。スロットマシーンはかんたんなもので、五セントなり一〇セントなりを入れて、ガシャンとやると、組合わせいかんで、お金が何倍にもなって返ってくる仕掛けである。日本のパチンコに似ているが、技術は全然問題にならず、すべてが運にかかっている。

結局、ラスベガスでは昼食をとっただけで、ふたたび機上の人となり、リーノへ向かう。飛行機は町の上を旋回して、名残りを惜しむ人にサービスした後、一途北上した。ラスベガスはネバダ州の最南端にあるのに対し、リーノは西北のほうにあり、飛行機で一時間かかる。私は右側に座を占めたが、航路の右側に関するかぎり、見わたすかぎり砂漠だけである。これだけ広ければ原爆の実験もできようし、また、これだけ不毛の地をかかえておれば、州としても、観光客誘致政策をとらざるをえないであろう。やがて、川が見え、緑が見えてくると、リーノに着く。空からの印象では、砂漠の中のオアシスといった感じである。

リーノの飛行場の待合室にも所狭ましとスロットマシーンが並べてあった。さらに、車が町に入ると、ギャンブルの店が賑やかに並んでいた。ギャンブルのほうはラスペガスにまかせて、リーノは離婚だけの町かと想像していたのが、案に相違して、リーノもラスベガス（といっても見たわけではないが）に劣らず、ギャンブルの町であったのだ。国務省の招待客がリーノを訪れることは珍しいようで、ここでは町の商工会議所（Chamber of Commerce）がスポンサーになり、われわれ（通訳と私）はＶＩＰのマークをもらって、代表的ギャンブル場を訪問する特典に浴した。このため、食事のたびごとにいろいろの店に行き、ギャンブルの実態に親しく接することができた。まず、どこへ行ってもギャンブルを楽しむ人の多いのに圧倒された。老若男女を問わないが、とくに中年以上の婦人の多いのが、日本のパチンコに較べ、アメリカ的特色を示すといえるかもしれない。ギャンブルの機械も各種あり、スロットマシーンのほか、ルーレットもあり、またキーノ（Keno）と称する数字をあてるゲームが人気を集めていた。また昼夜を問わず、徹夜で楽しむ人も多いようであった。ともかく、リーノでは、まずギャンブルに圧倒されたといってよい。

かんじんの離婚のほうに話を移そう。あらかじめ離婚裁判所を見たいという希望を表明しておいたためか、宿は地方裁判所（正式には、Washoe County District Court）のすぐ前にとってあった。プール付きの立派なドライブインであるが、後で新聞を見たら、先週、夜盗が入り、警官に射殺されたのがこの宿であることがわかり、びっくりした。さて、裁判所の正面はギリシァ式の堂々たる建物であり、裏手のほうにモダーンな増築部分が続いている。人口七万五千の小都市（もっとも、The Biggest Little City in the World をスローガンとしているが）にしては立派すぎる感がしないわけではない。離婚事件でもうけたかなと、かんぐりたくなる。

翌日の午前中に、さっそく裁判所を訪問し、離婚事件を傍聴し、また数人の裁判官と話をする機会を得た。もっとも、これが私にとってアメリカでの最初の離婚裁判所の訪問というわけではない。一週間前に、ニューオルリーンズで離婚事件を傍聴した。その他、あらかじめ離婚事件を見たいという希望は出しておいたので、若干の機会が提供されたが、ニューヨーク州（バッファロー）では、飛び石連休のため法廷が開かれず、また他の州では、離婚の管轄権のない裁判所を訪問させられたりした。この後の例は、アメリカでも、一般の人にとって、どの裁判所で離婚問題が扱われているか、よく知られていないことを示すに足るものである。かくして、旅行も終り頃になって、ようやくニューオルリーンズの裁判所で離婚事件を傍聴することができたのである。もっとも、ここでもはじめ案内されたのはMunicipal Courtで、もっぱら軽犯罪を対象とするものだったので、専門外だといったら、そこの裁判官の好意で、District Courtのほうへ廻してくれたものである。そこで、離婚事件を四件ばかり見た。当事者の一方と証人一名が証言台に立って、二年以上の別居の事実を証言する。他方の当事者は出廷しない。弁護士が、当事者の証言によれば夫婦は二年以上別居しているから離婚が許されるべきである、と主張すると、裁判官は、あっさりと、「離婚は許される」と宣告して終わりとなる。一件平均二、三分というところ。聞きしにまさる機械的な処理である。

ただし、われわれ日本人は、このような処理に対し文句を言えたすじあいではない。というのは、わが国では、このようなケースは大部分協議離婚で解決するわけであり、そもそも司法的コントロールに服さないからである。ニューオルリーンズのあるルイジアナ州は、フランス式民法典が施行されている点で、比較法上興味のある州であるが、ここでは、その問題には立ち入らないことにして、リーノに戻ろう。

リーノの地方裁判所は外観のみならず、内味も立派で、エアコンが十分きいている。ここは五部からなるが、とくに離婚事件専門部というものはなく、当日は第五部が離婚事件をとりあつかうとのことで、それを傍聴する。傍聴席には一〇名くらい坐っていたが、いずれも、当事者や、その家族、証人で、ひとの離婚事件をわざわざ傍聴しようとするものは、われわれ以外にはいない。定刻に裁判官が現われる。一人だけなので、連邦最高裁判所を見学したときのように、九名の高名の裁判官が一斉に登場する、あの興奮は感じられない。裁判官の名はゲゼリン(Gezeline)、自称新米判事とのこと。まず最初の組が前へ出る。若い女性職員が片手をあげて宣誓文を読む。「自由の女神」を思い出す。第一組は夫が原告。妻は出頭しない。まず証人について、弁護士から一問一答がある。打ち合わせ十分とみえて、尋問はどんどんすすむ。要点の第一は、原告が六週間以上ネバダ州に住所を有していたこと、今後も indefinite な期間住む意思があること、これは離婚管轄権のための要件である。第二が、実質的な要件の証明である。これは主として本人尋問によっていた。原告は日本女性と結婚し、メリーランドに住んでいるが、妻が仏教にこり、自分はカトリックのため、合わなくなったというのが離婚原因である。メリーランドには創価学会が進出しているので、妻はおそらくその信者なのであろう。ネバダ州では、二年前より、Incompatibility(不一致)を離婚原因に加えており、ますます離婚が容易となった。事実、現在では、これが一番活用されているとのことである。

本件でも、夫の主張がそのまま認められて、離婚の判決が下った。その間、それでも五分以上かかり、ニューオルリーンズよりははるかにていねいであるという印象を受けた。

二番目の事件は妻が原告であり、夫は出頭しない。この妻は、わざわざスコットランドから来たとのこと。今日は、どちらの事件も国際色豊かである。離婚原因は別居。現在のネバダ州法は一年以上の任意別居を離婚原因としている。これは、二番目に利用される離婚原因とのこと。この事件では、証人が二人立って、同様に、居住および離婚原因の証言をしていた。判決が下ると、当事者はちょっと涙ぐんでいた。中年の婦人であるだけに、ようやく離婚できて、感ずるところがあったのであろう。

三番目の事件は非公開となり、裁判官室で行なわれることになった。公開・非公開は当事者の申立てによりきまるとのこと。やはり、アメリカでも、一番面白そうなケースは見るわけにいかない。

やむなく法廷を出て、時間の空いている裁判官と会談した。まず、ボーウェン（Bowen）判事。老人で人の好さそうな人。過去一五年間に一万五千件くらい離婚事件をとりあつかったとのこと。バートレット判事以上である。ただ、最近は離婚事件は減り、一日三、四件、週に二〇件くらいになったそうである。その理由は、ボーウェン判事によれば、今日離婚したい人は、ネバダよりはメキシコに行く。メキシコでは一日滞在すればよく、ネバダよりはるかに簡単だ、という点に求められる。もっとも、メキシコでの離婚をアメリカの連邦最高裁判所が承認するかどうかが未確定で、問題は将来に残されているとのことである。その他の理由としては、アメリカの各州で、離婚が次第に容易になったという事実が無視できないと思う。この点で、とくに注目されるのは、最近のニューヨーク州法の改正である（詳しくは、高梨「ある離婚法の改正」ケース研究九九号参照）。ニューヨーク州では、従来、姦通が唯一の離婚原因とされていたため、他の原因で離婚を欲する人は（その数は全米一と思われるが）、姦通を仮想するか、ネバダへ行くかしか方法がなかった。この法律が昨年より改正され、姦通以外に多くの離婚原因が加わり、とくに二年以上の任意別居が離婚原因とされるに至った。このことは、二年間待てば再婚できることを意味する。もう、わざわざネバダやメキシコへ行く必要はない。リーノへ行けば、全米から離婚を求めて男女が殺到し、彼らはなすところがないからギャンブルにふけるさまが見られる、という私の仮説は大幅に修正せざるをえなくなった。いまや、リーノへはギャンブルその他の観光資源を期待して人が集まるのであって、離婚を求めてくるものは、ほんのその一部にすぎない。かくして、私のリーノ行きは、期待に反したこととなった。

それにもかかわらず、私のリーノ訪問の目的は裁判所見学にあったので、スポンサーの好意で、多くの裁判官、弁護士および検察官に会うことができた。以下、それらの話を綜合した印象や問題点をのべてみたい。

まず感じたことは、ネバダ州の離婚手続はそれほどいいかげんではなく、正義の要求はいちおうみたしているということである。一見機械的な処理をしているように思われるケースは、ほとんどがすでに事実上当事者の間に離婚の合意が成立しており、法律がこれを制限しようとしても、意味のない場合である。これに対し、いさぎよく離婚を認める、というのも一つの行き方である。この点、リーノの裁判官は達観しているように見えた。これに対し、当事者が争う場合には、審理は慎重になり、何回も数を重ねるとのことである。被告には十分防御のチャンスが与えられる。被告がそのチャンスをすすんで利用しようとしないかぎり、裁判所としては、いかんともしがたい、というわけである。

ただ、われわれにとって気がかりなのは、夫婦の一方が日本に住んでいるような揚合には、他方がネバダで離婚訴訟を起こすと、実際上、防御する手段がないのではないかということである。この点で、ネバダの離婚判決を承認しなかった判例（東京地判昭三六・三・一五下民集一二巻三号四八六頁）が参考になる。この判例は、国際私法の講義で必ずとりあげられる事件であるので、内容の説明は省略するが、要するに、日本に妻を残して渡米した日本人夫が、ネバダの裁判所に三年以上の別居を理由として離婚訴訟を提起して勝訴した後に、妻のほうから日本の裁判所に悪意の遺棄を理由として離婚訴訟を起こし、その前提として、ネバダの離婚判決は承認できないと主張し、それが認められた事件である。

この判決の理論には異論が多いが、結論については妥当であるというのが、わが学界の見解であり、私もそれに従っていた。そこで、この事件を例にとって、リーノで種々質問したが、地方裁判所のバレット（Barett）判事（この人はちょっととっつきにくい感じだが、質問には心よく応じてくれた）によれば、この事件について自分は知らないが、このような場合、原告が訴訟を提起すれば、被告には通知が行くわけであり、そのとき、被告は弁護士と相談してアメリカの弁護士に代理を頼むとか、あるいは本人が渡米すればよく、この後の場合、旅費は原告が負担しなければならないようになっているので、手続上の不備はないとのことである。この事件について、ネバダの裁判所から通知があったかどうか判例集からはわからないが、通知があったにもかかわらず、被告がなんら防御手段をとらなかったとすれば、不利な判決を得てもやむをえないのではないか。外国離婚判決の承認については難かしい理論があるが、それはさておけば、わが国の学界・実務界には、ネバダではいいかげんな離婚裁判が行なわれているという先入観があるのではなかろうか。このような事実をなくするには、日米間の法律家の国際的協力が必要であり、さかのぼっては、法学教育の面での改善が必要となろう。

しかし、ネバダの離婚法には疑問もいぜんとして多い。第一に、今日世界的に離婚の増加が社会悪の基とされており、それにいかに対処するかが大きな問題となっている。調停制度の活用はその一つの方法である。しかるに、従来離婚事件の数の多かったネバダ州では、なんらの対策もない。制度がなくても、裁判官がその気になればできないことはないが、ボーウェン判事は、一万五千件のうち調停の成功したのは一件あるかなしかであったと語り、バレット判事は、それはむしろ弁護士の仕事である、と逃げた。わざわざネバダへ来るようなケースについては、打つ手なしということである。それは、むしろ、それぞれの州の問題であるといえる。この点で、当事者の選択により調停を行なうカリフォルニア方式がかねてから注目されていたが（湯沢『家庭事件の法社会学』参照）、最近、ニューヨーク州が全離婚事件について調停前置主義を採用したことも注目される。わが国と似てきたといえないこともないが、日本では、大部分の離婚事件が家庭裁判所の門をくぐらないのであるから、比較にならない。私の見たバッファローの裁判所では、新たに調停用の小室をたくさん作り、ソーシャル・ワーカーを動員して、これに対処していた。わが国でも、いつまでも、人手が足りないからといって協議離婚を放置できるか問題である。

つぎに、管轄権を認めるための要件として、六週間の居住のほか、将来 indefinite な期間、居住する意思のあることが必要であるが、実際上は、荷物をまとめて裁判所へ行き、なお indefinite な期間居住する意思があると主張するケースが多いことは周知の事実である。この点は、法の尊厳の見地から問題ではないかと質問したら、ボーウェン判事は、そういう事実もたしかにあるが、indefinite ということばは本来あいまいだし、また本当に永住する人もいる、と答えた。事実、リーノとその周辺は、気候といい、風景といい、人情といい、まことに申し分なく、永住にふさわしい場所である。離婚におとらず、結婚の数も多いとのことである。それにしても、管轄権についてては疑問が残る。離婚の実体法が州により異なることは理解できるとしても、管轄権の規定がまちまちなのは望ましいことではない。

ネバダへ来るまでは、私自身も、この州はギャンブルを奨励し、離婚を容易にすることにより、アメリカの中でも一番悪徳の栄える州だという先入観がないわけでもなかった。三日間の滞在は、若干の疑問点は残ったものの、原則としてこの先入観を改めさせるに役立った。その心理的原因は、リーノの市民のホスピタリティにある、といってよい。今度の旅行で、いたるところアメリカ人のホスピタリティに感銘を受けたが、リーノに及ぶものはなかった。ここの住民は、他州や外国からの訪問者を心から歓迎する精神にみちみちている。ギャンブル場も離婚裁判所も、ネバダ州民のホスピタリティの現われであると理解することができないだろうか。元来、ネバダ州は「ボナンザ Bonanza」の国といわれ、一攫千金を夢みる人にはあこがれの州であった（テレビ映画「ボナンザ」参照）。いまは金鉱は姿を消し、そのかわり、人工的なボナンザが提供されている。それがギャンブルである。今度の旅行では、アメリカ人のホスピタリティのほかに、よく働くことに一驚を喫した。ヨーロッパ人は較べものにならず、まさに日本人が匹敵できるくらいのものである。このようにふだんよく働くアメリカ人にとっては息抜きが必要であり、ネバダ州は全州をあげてそのサービスに努めているのである。逆にネバダ州民はギャンブルに心を奪われることはないであろうか。この点の調査はなしえなかったので、何ともいえないが、私の会った範囲では、自分はギャンブルは嫌いだとか、一度もやったことがない、という人が何人かいた。ギャンブルはもっぱら他州の人のため、という理解が可能である。

とすれば、容易な離婚法もホスピタリティの現われと見ることができる。もうどうにもならなくなって、離婚により新生活をはじめるよりほかに方法がない夫婦に対し、どこかが救いの手をさしのべなければならない。各州では、それぞれの事情があって、なかなか実現ができないとすれば、全米の悩める人を救う州が一つくらいあってもよい。道徳家の批判を甘受しながら、あえてその道を選んだネバダ州を、われわれは再評価すべきではなかろうか。もっとも、以上はたった三日間の滞在による印象であるから、客観性は保証しがたい。アメリカの中には、このようなところもあり、それをこのように見た人もいる、と了解していただければ幸いである。外国人には親切にするものである。

山田卓生先生を偲んで

山田八千子

本書『ある比較法学者の歩いた道——五十嵐清先生に聞く』の企画を発案され、五十嵐清先生とのお話の場の司会、聞き手を務められた山田卓生先生は、二〇一三年八月二五日、長野県の別荘に滞在されていたときに急な病に倒れられて意識不明となり、二〇一三年一〇月二五日、逝去されました。享年七六歳でした。

山田先生は、一九三七年に愛知県名古屋市で生まれ、東京大学法学部を卒業されて同大学大学院法学社会科学研究科（民刑事法専攻）を修了の後、同大学社会科学研究所助手を経て、一九六七年に中央大学法学部に専任講師として赴任されました。その後中央大学法学部助教授、教授を経て、一九八〇年に横浜国立大学経済学部教授として赴任され、一九九八年まで在職され、横浜国立大学からは名誉教授の称号を授与されています。横浜国立大学を退官された後は、日本大学法学部、日本大学法務研究科（法科大学院）に教授として在職されました。また、一九七三年にはハーバード・ロースクールを卒業（L.L. M）され、ハーバード・ロースクール同窓会日本支部会長（President of the Harvard Law School Association of Japan）に一九九九

山田卓生先生

年から二〇〇五年まで就任され、放送大学客員教授（一九八六～一九九四年）なども務められました。また、一九九九年に弁護士登録（第二東京弁護士会）され、あさひ法律事務所の顧問を務められました。

山田先生は、民法、比較法（とくに英米法、ドイツ法）、法社会学、比較法文化論などを中心として、幅広い領域にわたる学際的な研究活動をされてきました。民法の領域では、物権法、賃貸借法、消費者法を中心とした契約法、交通事故法、メディア法、製造物責任法や医事法を中心とした不法行為法の領域で業績をあげてこられました。先生の四〇年を超える研究生活で発表された数多くの論稿の多くは、信山社の「山田卓生著作選集」（全四巻、二〇〇一年）として公刊されています。各巻の題名の『法律学・法社会学・比較法』、『民法　財産法』、『損害賠償法』、『医事法　生命倫理』には、先生の多様な研究活動が表されています。また、一つのテーマでまとめられた業績としては『私事と自己決定』（一九八七年）、『日常生活のなかの法』（一九九〇年）ならびに『続　日常生活のなかの法』（一九九二年）が日本評論社から公刊されています。また、学会活動・社会活動については、二〇〇六年に理事長に就任された日本交通法学会理事長、自由人権協会代表理事、関東船員地方労働委員会会長、法社会学会や日本生命倫理学会、日本法律家協会等で理事を務められた他、五十嵐先生とご一緒であった日本私法学会、比較法学会をはじめ、多数の学会で活動されてきました。二〇〇一年に藍綬褒章を二〇〇七年に旭日中綬章をそれぞれ受章されました。

本書のきっかけは、二〇一〇年の私法学会の折、山田先生が五十嵐先生に「五十嵐先生のお話を聞く会を実現したい」と申し出られたことであると、五十嵐先生の「はしがき」から知りました。大学一年生の折に山田先生の教養ゼミに入れていただいて以来、民法学部専門ゼミや大学院で山田先生に長年のご指導をいただき、多岐にわたる山田先生のご関心の中でも、基礎法学とりわけ比較法の領域への強い志向性を感じておりました。山田先生の最も尊敬する学者である五十嵐先生のお話を書物としてまとめ公刊されるお仕事は、山田先生にとっては、とてもやりがいのある楽しいお仕事であったと思います。私と同じく山田先生の弟子であり、五十嵐先生とのお話にも同席された北海学園大学の千葉華月先生からも、この対談の際の真剣でありながらも和やかな雰囲気やその後の懇親会の様子を伺いました。また、千葉先生からは、比較法学会の折には、いつも学会会場の前方の席で五十嵐先生と山田先生が談笑されていたということも伺いました。山田先生は幾つかのお仕事を残されて急逝されましたが、おそらく最も完成を急がれていたであろう本書の刊行について少しでもお手伝いできる機会を与えていただき、有り難く思っております。

山田卓生先生のご冥福を心よりお祈りいたします。

対談当日の懇談会で五十嵐先生と。2012年12月13日。

ある比較法学者の歩いた道
―五十嵐清先生に聞く―

2015(平成27)年4月20日　第1版第1刷発行
1961-6：013-015-003-002=4200e

語　り©　五十嵐　清
編　集©　山田卓生
小川浩三
山田八千子
内田　貴
発行者　今井貴・稲葉文子
発行所　株式会社 信山社
編集第2部
〒113-0033 東京都文京区本郷6-2-9-102
Tel 03-3818-1019　Fax 03-3818-0344
笠間才木支店 〒309-1611 茨城県笠間市笠間515-3
Tel 0296-71-9081　Fax 0296-71-9082
笠間来栖支店 〒309-1625 茨城県笠間市来栖2345-1
Tel 0296-71-0215　Fax 0296-72-5410
*　*　*
出版契約 No.2015-01-1961-6-01010

印刷・東洋印刷(本文・付物)　製本・牧製本
ISBN978-4-7972-1961-6 C3332 ¥4200E 分類 01-329.501-c001